Dr. Barbara Stühlmeyer

Die Geheimschrift

Mit Hildegard von Bingen auf Spurensuche

Verlag Haus Altenberg
Butzon und Bercker

—Zu Deiner Hl. Kommunion am 09.05.2013
von Opa + Oma

Inhalt

Die Geschichte beginnt mit einem sehr alten Streit 8
Ein Mitbringsel aus Italien 13
Hugo reitet zu Hildegard 17
Eine Botschaft für die Äbtissin 22
Ein tapferer Mönch und ein schreckhafter Ritter 28
Ein Schreck, eine Suche und ein Plan 33
Ein geheimnisvoller Satz 39
Hildegard redet Klartext 42
Ein Streit mit Hiltrud und eine Idee 47
Hildegards Plan 51
Die Reise wird vorbereitet 55
Ezras Geschichte 58
Ein Code für die Könige 64
Hugo lernt schreiben 70
Ezras Besuch 75
Freunde haben ist was Tolles 80
Wie Pech und Schwefel 83
Aaron wird Spion 88
Aaron lernt die Messe kennen 93
Es gibt viel zu tun 98
Die Reise beginnt 102
Ein Besuch bei Augustinus 106
Aaron auf Spurensuche 111
Eine Predigt mit Überraschungen 117
Die Spur auf der anderen Seite des Flusses 121
Ohne Code geht es nicht 124
Warum Nonnen beim Essen keinen Klönschnack halten 129
Siegward denkt mit 133
Aaron wird Knappe 138
Eine heiße Spur 141
Ein Kreuz mit doppeltem Boden 146
Ein unfreundlicher Empfang 152
Eine Predigt und 157
eine Erleuchtung 157
Ein nächtlicher Fund 162
Hildegard in Gefahr 168
Eine unglaubliche Geschichte und ein gutes Ende 172
Der Faktencheck **178**

Wen du in diesem Buch alles kennenlernst ...

Hildegard von Bingen ist eine ziemlich alte Nonne. Sie lebt seit ungefähr 50 Jahren im Kloster. Trotzdem ist sie schon viel in der Welt herumgekommen. Eigentlich sollen Nonnen ja nicht außerhalb des Klosters herumlaufen, aber bei Hildegard ist alles ein bisschen anders. Sie hat nämlich Visionen. Das ist, wenn man Bilder sieht, die andere nicht sehen, und sogar Erklärungen dazu hört. Falls du jetzt aber glaubst, Hildegard wäre verrückt, irrst du dich ganz gewaltig. Sie ist mindestens so schlau wie du und ich, aber das kannst du in der Geschichte selber lesen.

Hiltrud lebt schon seit ewigen Zeiten in Hildegards Kloster. Sie war auch auf dem Disibodenberg mit ihr zusammen und kennt Hildegard seit mehr als 50 Jahren. Die beiden sind Freundinnen, das heißt aber nicht, dass Hiltrud ihr nicht gelegentlich die Meinung sagt. Jedenfalls tut sie das, wenn sie meint, dass es unbedingt nötig ist.

Volmar ist Hildegards bester Freund. Er war es, der ihr immer wieder spannende Bücher aus der Klosterbibliothek brachte und der ihr Mut machte, als es darum ging, ihre Visionen aufzuschreiben. Deshalb nahm sie ihn auch als Propst in ihr neues Kloster mit, damit er mit den Nonnen die Messe feiern und weiter ihr Sekretär sein konnte. Wenn Hildegard irgendetwas aushecht, kannst du sicher sein, dass Volmar es als Erster erfährt. Aber glaub bloß nicht, dass er es dir verraten würde. Für einen Mann ist Volmar nämlich sehr verschwiegen.

Ezra ist ein jüdischer Händler. Er lebt mit seiner Frau Sarah und seinem Sohn Aaron in Bingen. Ezra ist oft unterwegs nach Italien, von wo er herrliche Stoffe mitbringt. Hildegard und Ezra sind Freunde, seit sie sich einmal beim Bischof begegnet sind. Und als Hildegard Hilfe braucht, ist Ezra zur Stelle.

Aaron ist 13 Jahre alt und ziemlich pfiffig. Seit er seinen Vater auf den Handelsreisen begleiten darf, hat er eine Menge gelernt. Das Wichtigste: Er kann sich unsichtbar machen. Also nicht so, wie du jetzt denkst. Aaron kann sich einfach so unauffällig verhalten, dass man ihn gar nicht bemerkt. Und dann erfährt er Sachen, die eigentlich nicht für seine Ohren bestimmt sind. Deshalb überredet Hildegard ihren Freund Ezra auch, Aaron gemeinsam mit ihr auf Predigtreise gehen zu lassen.

Jakob ist der Deckname von Aaron, als er einmal mit Hugo gemeinsam unterwegs ist und so tut, als wäre er der Knappe des jungen Ritters.

Rainald von Dassel ist ein mächtiger Politiker und Bischof. Falls du jetzt glaubst, das seien ja zwei ganz verschiedene Berufe, muss ich dir sagen, dass man im Mittelalter durchaus beides zugleich sein konnte. Rainald ist ein guter Freund von Friedrich I., dem Kaiser. Wie sehr die beiden sich mochten, kannst du schon daran sehen, dass Friedrich Rainald die Reliquien der Heiligen drei Könige geschenkt hat.

Kaiser Friedrich I. von Hohenstaufen wird auch Barbarossa genannt. Das heißt übersetzt „roter Bart", weil Friedrich rote Haare und einen roten Bart hat. Er sieht einfach umwerfend gut aus, das findet sogar Hildegard, die sich als Nonne ja eigentlich nichts aus Männern machen sollte. Er spielt in dieser Geschichte eine etwas seltsame Rolle, weil er nämlich die Reliquien der Heiligen Drei Könige klaut. Warum er das macht und sie dann seinem Freund Rainald schenkt, kannst du in dieser Geschichte lesen, weil man das unmöglich in drei Sätzen erzählen kann.

Hugo von Burgeck ist ein junger Ritter und Bote Barbarossas. Er war dabei, als die Gebeine der Heiligen Drei Könige geklaut wurden, und reitet zu Hildegard, um sie um Hilfe zu bitten. Er und Aaron halten zusammen wie Pech und Schwefel. Das ist auch gut so, denn ohne die beiden hätte die Geschichte vielleicht ein böses Ende gefunden.

Berthold von Burgeck ist Hugos Vater, dem es sehr leidtat, nicht mit nach Italien reiten zu können, weil er sich bei einem Turnier den Fuß gebrochen hat.

Margarete von Burgeck, Bertholds Frau, freute sich, dass ihr Mann mal einen Kriegszug auslassen musste, und las ihm spannende Ritterromane vor, damit er sich nicht langweilte.

Julia von Burgeck ist Hugos Großmutter, die du nicht mehr kennenlernen kannst, weil sie leider schon gestorben ist.

Mechthild von Burgeck ist Hugos kleine Schwester. Sie liest gerne und hat überhaupt keine Lust, ein Ritter zu werden.

Hermann von Eberstein ist ein mächtiger Graf, der Hugo zum Ritter ausbildete.

Karl, Wulfhard und Adalbert sind Ritter, die gemeinsam mit Hugo bei Hermann von Eberstein das Rittersein gelernt und später die Reliquien der Heiligen Drei Könige geklaut haben.

Bruder Laurentius soll eigentlich die Reliquien der Heiligen Drei Könige bewachen. Aber er verschwindet ganz plötzlich, ebenso wie die Reliquien.

Schwester Odilia ist Pförtnerin von Kloster Rupertsberg. Sie hat einen Riecher für Ärger, weshalb alle, die ins Kloster reinwollen, erst einmal eine kleine Prüfung machen müssen.

Schwester Gisela ist die Cellerarin von Kloster Rupertsberg. Sie sorgt dafür, dass immer genügend zu essen da ist und dass überhaupt der Laden läuft.

Schwester Hedwig ist die Kantorin des Klosters. Sie übt mit den Nonnen auch die neuen Lieder ein, die Hildegard sich von Zeit zu Zeit ausdenkt.

Schwester Martha ist eine ausgezeichnete Schneiderin und sorgt im Lintearium des Klosters dafür, dass die Nonnen immer genug zum Anziehen haben.

Bernhard von Clairvaux wird der heimliche Papst der 12. Jahrhunderts genannt. Das kommt, weil er wirklich eine Menge zu sagen hatte und einer der Päpste in dieser Zeit, Eugen III., sogar ein Schüler von ihm war.

Radulf ist ein Zisterziensermönch, der aus seinem Kloster weglief und eine Menge dummes Zeug predigte. Deshalb kam Bernhard und schickte ihn wieder in sein Kloster zurück.

Heinrich I., Bischof von Mainz, rief Bernhard von Clairvaux in seine Stadt, um Radulf wieder zur Vernunft zu bringen und die Juden zu beschützen.

Eliazar wohnt in Mainz und verleiht Geld. Einige seiner Kunden werden ärgerlich, wenn er sein Geld wie vereinbart zurückhaben will.

Josef ist ein Mainzer Schuhmacher, der sich mehr Geld geliehen hat, als er zurückzahlen kann, und deshalb wütend auf Eliazar ist, von dem er das Geld bekommen hat.

Wipo war Kaplan bei Bischof Rainald von Dassel. Er ist eher klein, hat eine gebrochene Nase und tiefschwarze Haare. Nachdem Rainald ihn aber wegen Diebstahls entlassen hat, weiß niemand genau, wo er sich aufhält. Einige glauben, dass er ein Katharer geworden ist und die Gebeine der Heiligen Drei Könige geklaut hat, um Rainald zu ärgern.

Pater Augustinus ist Bibliothekar im Chorherrenstift St. Goar. Er hat schon ein ganzes Buch von Hildegard abgeschrieben. Das musste man damals, wenn man von einem Buch mehrere Exemplare haben wollte.

Kaplan Hildebert ist Schreiber in der Kanzlei von Bischof Rainald und der Bruder von Pater Augustinus. Er hat die Entlassungsurkunde für Wipo geschrieben.

Lothar ist ein Katharer, der in Boppard eine Predigt gehalten und anschließend den gerade entlassenen Kaplan Wipo kennengelernt hat. Danach haben die beiden einen Plan ausgeheckt.

Leberecht betreibt ein Wirtshaus in St. Goar.

Siegward ist Priester an der St.-Severins-Kirche in Boppard und ein sehr freundlicher Gastgeber.

Gertrud ist seine Köchin und sorgt auch im Haus für Ordnung.

Joel ist ein Goldschmied aus Boppard, der Aaron einen entscheidenden Hinweis gibt.

Hans ist Schankknecht in der Wirtschaft am Marktplatz von Boppard.

Karl ist der Bruder von Hans. Er lebt mit seiner Frau Agnes und seinem Sohn Georg in Lahnstein, wo er gemeinsam mit seiner Frau eine kleine Schankwirtschaft betreibt.

Eleonore arbeitet als Schankmagd bei Karl.

Reinhold ist Fischer und Fährmann und lebt wie sein Neffe Hans in Boppard am Rhein.

David ist Goldschmied und lebt in Lahnstein.

Magdalena wohnt in Lahnstein und soll angeblich die Verlobte von Aaron werden. Das haben die beiden aber nur erfunden, damit sie Karl nichts von ihrer geheimen Mission und ihrem plötzlichen Aufbruch erzählen müssen.

Tenxwind von Andernach ist die Meisterin des Augustiner Chorfrauen-Stiftes St. Marien.

Griseldis ist die Pförtnerin von St. Marien.

Solltest du in dieser Geschichte über ein schwieriges Wort stolpern, kannst du ganz hinten im Buch nachlesen, was es bedeutet.

Die Geschichte beginnt mit einem sehr alten Streit

Die Geschichte, die ich dir heute erzählen will, hat sich vor ziemlich genau 850 Jahren in der Zeit der Ritter und Burgen zugetragen. Damals regierte ein Kaiser namens Friedrich, der einfach unverschämt gut aussah und sehr nett sein konnte.

Er hatte aber auch einen ziemlichen Dickkopf, den alle zu spüren bekamen, die nicht so wollten wie er.

Einer, mit dem er im Streit lag, war der Papst. Das kam, weil beide das letzte Wort haben wollten, wenn es darum ging, zu bestimmen, was die Christen tun sollten.

Nun wirst du sicher sagen: „Das ist doch überhaupt kein Problem. Der Papst hat das letzte Wort, wenn es um die Gesetze der Kirche geht, und der Kaiser, wenn es um die Gesetze der Welt geht." So funktioniert das ja bei uns heute.
Der Papst war damit überhaupt nicht einverstanden. Er meinte: „Die Bischöfe müssen als Erstes gute Christen sein und sich um die Kirche kümmern. Deshalb will ich bestimmen, wer Bischof wird."

Der Papst selber kümmerte sich aber keineswegs nur um die Kirche, er mischte sich auch in die Politik ein. Wenn der Kaiser etwas machte, was er nicht gut fand, konnte er ihn exkommunizieren. Das war fast die schlimmste Strafe, die man im Mittelalter bekommen konnte. Noch schrecklicher war nur die Todesstrafe. Wer exkommuniziert war, durfte nicht mehr zur Kommunion gehen. Das hast du dir sicher schon gedacht. Exkommunikation bedeutet aber noch viel mehr. Wer exkommuniziert war, wurde aus der Gemeinschaft ausgeschlossen. Er durfte nirgendwo mehr mitreden. Nicht im Dorfrat, nicht in der Gemeinde, nicht in der Zunft, einfach nirgendwo. Für einen König bedeutete das: Wenn er exkommuniziert war, musste niemand mehr im Reich auf ihn hören. Kein Fürst, kein Ritter, noch nicht einmal die Bauern und Tagelöhner.
Für den Kaiser war das ein ernstes Problem. Das kannst du dir ja sicher vorstellen. Friedrich wollte so eine Situation auf jeden Fall vermeiden. Schließlich erinnerte er sich noch sehr

gut an die Geschichte von König Heinrich IV., einem seiner Vorgänger. Der hatte genau denselben Streit mit dem Papst ausgefochten, und weil Gregor VII. leider sehr stur sein konnte, wurde wirklich der Kirchenbann über den König ausgesprochen.
Erst wollte er so tun, als mache ihm das gar nichts aus. Das funktionierte aber nicht, weil ihm nun niemand mehr gehorchte.

Und als seine eigenen Reichsfürsten ihm sagten: „Entweder bittest du den Papst um Entschuldigung, oder wir suchen uns einen neuen König", zog Heinrich mitten im Winter über die Alpen nach Canossa, wo sich der Papst gerade aufhielt. Nur mit einem Büßergewand bekleidet stand der König drei Tage lang barfuß im Schnee, bis Gregor ein Einsehen hatte, ihn in die Burg hineinließ und wieder in die Kirche aufnahm. Wenn du mich fragst, hat er ihm sicher auch eine heiße Milch mit Honig aus der Burgküche bringen lassen, weil sich der König ganz bestimmt einen Schnupfen geholt hat.

„So etwas darf mir auf keinen Fall passieren", dachte sich Friedrich. Er überlegte lange, was nun zu tun sei, bis ihm auf einmal eine geniale Idee kam. ‚Wie wäre es', dachte er, ‚wenn ich mir nicht nur die Bischöfe, sondern auch den Papst aussuche? Der müsste dann tun, was ich will, und schon hätte der ganze Streit ein Ende.' Und ob du es glaubst oder nicht, genau das hat Friedrich gemacht.

Er sorgte dafür, dass der Kandidat siegte, den er sich ausgesucht hatte. Das war gar nicht so leicht, denn der Papst wird ja von den Kardinälen gewählt und von denen stimmte die Mehrheit für einen anderen Kandidaten. Deshalb musste Viktor IV. sich unter dem Schutz von Kaiser Friedrich zum Papst ausrufen lassen. In der Zeit, in der unsere Geschichte spielt, gab es deshalb zwei Päpste. Da, wo Friedrich als Kaiser regierte, mussten alle auf Viktor hören, der Rest der Kirche folgte dagegen Alexander III., dem richtigen Papst.

Ein Mitbringsel aus Italien

Ein bisschen peinlich war es Friedrich schon, dass die Kardinäle seinen Kandidaten nicht gewählt hatten und er erst seine Soldaten losschicken musste, damit Viktor Papst werden konnte. Er wusste, dass manch einer nun sagen würde, es sei nicht mit rechten Dingen zugegangen, und dass es jetzt zwei Päpste gab, machte die Sache auch nicht besser.

Deshalb brauchte er irgendetwas, um die Leute abzulenken. Am besten ein schönes Fest, eins, bei dem alle sehen konnten, was für ein guter und frommer König er war. Damals war Friedrich gerade in Italien, denn das gehörte auch zu seinem Herrschaftsgebiet. Um genau zu sein, war er in Mailand, weil er mit den Bürgern der Stadt Krieg führte. Die wollten nämlich viel lieber selbstständig sein, als Friedrich Steuern zu zahlen. Das passte dem König natürlich kein bisschen, denn er dachte sich: ‚Was geschieht, wenn alle das nachmachen?'

Friedrich hatte ziemlich viele gut ausgebildete Soldaten dabei. Deshalb besiegte er die Mailänder und verwüstete alle Felder und Gärten rund um die Stadt. Leider ist es bei einem Krieg ja so, dass die Sieger meinen, sie dürften sich alles erlauben, und Friedrich glaubte das wohl auch.

Jedenfalls tat er etwas, was sich ganz und gar nicht gehört. Er schickte Ritter in eine Kirche, in der die Reliquien der Heiligen Drei Könige aufbewahrt wurden, damit sie sie dort herausholen. Eigentlich gehörten die Reliquien der Kirche und darum durfte der Kaiser sie auch nicht einfach mitnehmen. Jetzt fragst du dich sicher, warum es für Barbarossa nützlich sein sollte, die Reliquien der Heiligen Drei Könige zu stehlen.

Dafür musst du wissen, dass die Reliquien der Heiligen für die Menschen im Mittelalter total wichtig waren. Sie waren fest davon überzeugt, die Kraft der Heiligen zu spüren, wenn sie sie berührten. Wer konnte, machte eine Pilgerfahrt, um den Heiligen möglichst nahe zu sein. Selbst eine Reliquie zu besitzen war für viele das Größte. Und wenn es keine echte sein konnte, dann wollten sie wenigstens eine Berührungsreliquie haben, ein

Tuch oder einen Gegenstand, mit dem sie den Reliquienschrein berührt hatten. Im Mittelalter hatte fast jeder einen Lieblingsheiligen. Friedrich ging es da nicht anders. Sein Vorbild waren die Heiligen Drei Könige. Ist ja logisch, dass ihm die besonders gefielen, sie waren ja gewissermaßen Kollegen von ihm. Und sie waren Jesus persönlich begegnet, weil sie ihn ganz kurz nach seiner Geburt besucht hatten. Das war kein Pappenstiel gewesen, denn dafür waren sie viele Hundert Kilometer weit angereist und damals gab es weder Flugzeuge noch ICEs.

Friedrich wollte die Heiligen Drei Könige mit nach Deutschland nehmen, um sie seinem Freund Rainald für die Domkirche in Köln zu schenken. Das war ein sehr geschickter Schachzug von ihm. Rainald war nämlich nicht nur Friedrichs Freund, er war auch der Erzbischof von Köln und sein Kanzler. Das heißt: Er war nach Friedrich der zweitmächtigste Mann. Barbarossa war überzeugt davon, dass alle Menschen im Reich sehr beeindruckt sein würden, wenn er die Reliquien mitbrachte. Sie würden es klasse finden, dass ihr König so gute Vorbilder hatte, und sie wären ihm dankbar, weil da, wo die Reliquien waren, bestimmt ganz viele Wunder geschehen würden.

So war es schließlich immer, wenn eine Kirche die Reliquien von wichtigen Heiligen bekam. Auf einmal kamen dann eine Menge Leute dorthin – nicht nur aus der Nähe, sondern auch von ganz weit weg – und sie alle baten die Heiligen um ihre Fürsprache bei Gott. Dann wurden Kranke wieder gesund, zerstrittene Nachbarn vertrugen sich und alle bemühten sich noch mehr darum, so zu leben, wie Jesus es uns vorgelebt hat.

Deshalb war das, was dann geschah, eine absolute Katastrophe. Die Reliquien der Heiligen Drei Könige verschwanden von einem Tag auf den anderen. Sie waren weg wie Schmitz´ Katze, hatten sich in Luft aufgelöst oder waren ganz einfach noch einmal geklaut worden.

Doch von wem und vor allem warum? Der Kaiser schickte sofort seine Ritter los, um die Könige zu suchen, und schärften ihnen ein, niemandem davon zu erzählen, dass sie verschwunden waren. Doch so viel sie auch suchten, die Reliquien blieben verschwunden. Friedrich und Rainald waren verzweifelt. Was sollten sie nur tun? Da fiel Friedrich auf einmal seine alte Freundin Hildegard wieder ein. Wenn jemand ihm aus diesem Schlamassel helfen konnte, dann die alte Nonne.

Hugo reitet zu Hildegard

Hildegard war gerade in der Küche ihres Klosters damit beschäftigt, Gewürze in einen Brei zu rühren, als der Bote Barbarossas an die Pforte klopfte. Schwester Odilia öffnete das Fenster, das in die Pforte eingelassen war, um zu sehen, wer davor stand. So machte sie es immer, denn man konnte ja schließlich nicht wissen, wer es war, der da Einlass begehrte.

Die Zeiten waren ziemlich unsicher, vor allem, seit einige Räuberbanden in der Gegend umherschweiften. Ein paar davon hatten auch schon Klöster überfallen und die Kelche aus der Sakristei gestohlen.

„Gelobt sei Jesus Christus", sagte Schwester Odilia.

„In Ewigkeit Amen", sagte der Bote.

Odilia war zufrieden. Ihr Gruß war nämlich ein Test für die Besucher. Wer wusste, dass man „In Ewigkeit Amen" antworten musste, hatte gute Chancen, reingelassen zu werden.

„Ich bin Hugo von Burgeck", sagte der junge Mann, „und ich habe eine Botschaft für die Äbtissin Hildegard."

Da machte Odilia die Pforte weit auf und ließ Hugo herein.

Er staunte nicht schlecht, als er sein Pferd in den Klosterhof führte. Hier drin war alles viel geräumiger, als er erwartet hatte. Schließlich lag Kloster Rupertsberg ganz oben auf einem Berg, wo eigentlich nicht viel Platz ist, und trotzdem mussten dort eine Menge Gebäude untergebracht werden. Die Nonnen schienen sich wirklich gründlich Gedanken gemacht zu haben, bevor sie vor einem guten Jahrzehnt mit den Bauarbeiten begonnen hatten.

Natürlich hatte Hugo von der Geschichte gehört. Sein Vater hatte darüber mit Hermann von Eberstein gesprochen, bei dem Hugo zu dieser Zeit als Knappe diente. Damals war er gerade zwölf Jahre alt gewesen und sehr stolz, wenn er bei den Gesprächen der Erwachsenen zuhören durfte.

Hermann war empört darüber gewesen, dass Hildegard mit ihren Nonnen vom Disibodenberg zum Rupertsberg gezogen war.

„Was fällt diesen verrückten Frauen ein, einen Ort zu verlassen, wo es ihnen an nichts fehlt? Glaubst du wirklich, dass es ihr gelingen wird, in dieser Wildnis ein eigenes Kloster zu bauen?"

Hugos Vater hatte bedächtig den Kopf hin und her gewiegt. „Ich würde die Äbtissin an deiner Stelle ernst nehmen. Wenn sie sich diese Sache in den Kopf gesetzt hat, wird sie ihr auch gelingen." Berthold von Burgeck neigte im Gegensatz zu Hermann von Eberstein nicht dazu, Frauen zu unterschätzen. Seine Mutter Julia war nicht nur eine schöne, sondern auch eine sehr kluge Frau gewesen und seine eigene Frau Margarete stand ihr in nichts nach. Außerdem hatte Berthold Hildegard bei ihrem Besuch in der Königspfalz Ingelheim persönlich kennengelernt. Damals war nicht nur Friedrich Barbarossa von der Klugheit und dem Selbstbewusstsein der Äbtissin beeindruckt gewesen. Wenn sie sich vorgenommen hatte, mit einer Handvoll Arbeitern und ihren Nonnen ein Kloster zu bauen, dann würde sie auch genau das tun. Abt Kuno von Disibodenberg würde mit all seinem Ärger nichts daran ändern können und seien wir doch einmal ehrlich, er wollte Hildegard vor allem deshalb in seinem Kloster behalten, weil die Spenden der zahlreichen Besucher, die an ihre Pforte klopften, ihm und seinen Mönchen zugutekamen.

Nun stand Hugo also da und staunte über das, was die Schwestern in den letzten Jahren zustande gebracht hatten.
Da war die große Klosterkirche mit den zwei Türmen, die fast bis in den Himmel zu ragen schienen, die Räume, in denen die Schwestern wohnten, das Refektorium, in dem sie aßen, die Bibliothek, wo sie ihre Bücher aufbewahrten, das Scriptorium, in dem sie die Bücher schrieben, das Lintearium, wo ihre Kleidung

in Ordnung gebracht wurde, das Hospital, in dem die Kranken versorgt wurden, die Ställe für die Pferde, der Kräutergarten und die Küche, aus der es so lecker roch.

Hugos Magen knurrte so laut, dass es ihm sehr peinlich war. Odilia grinste und sagte: „Du hast Glück, die Mutter ist gerade in der Küche, um ein neues Rezept auszuprobieren. Vielleicht gibt sie dir ja was ab."

„Das wäre wunderbar", seufzte Hugo. „Ich bin eine Woche fast ohne Pause geritten und habe nichts Anständiges zu essen bekommen."

Die beiden waren nun an der Küche angekommen, deren Tür weit offen stand. Odilia klopfte an den Türrahmen und die alte Nonne, die über einen Topf gebeugt am Herd stand, blickte auf. „Mutter Hildegard, das ist Hugo von Burgeck, der eine Botschaft für dich und ein großes Loch im Magen hat."

Hugo lief ein wenig rot an.

Hildegard lächelte freundlich, deutete auf den großen Holztisch und sagte: „Setz dich doch bitte", während sie eine Schüssel aus einem der Regale holte und etwas von dem Brei hineinschöpfte, in dem sie gerade rührte. „Guten Appetit", sagte sie und stellte die Schüssel vor Hugo auf den Tisch.

„Mmhh, das schmeckt himmlisch", seufzte Hugo genießerisch.

„Dinkel mit Apfel, Zimt, Honig, einer Prise Muskat und einem Hauch Galgant", meinte Hildegard. „Das öffnet den Magen. Wenn du danach noch Platz für eine Scheibe Braten hast, lass es mich wissen." „Den hat er", meinte Odilia, „schließlich ist er seit einer Woche unterwegs zu dir", und machte sich auf den Weg zur Pforte, von wo sie schon wieder ein Klopfen gehört hatte. „Dieses Kloster ist der reinste Bienenstock", grummelte sie.

Hildegard sah ihr mit belustigter Miene hinterher. „Sie ist die beste Pförtnerin, die wir je hatten", sagte sie zu Hugo, während sie ihm einen Becher verdünnten Wein reichte, eine Holzplatte mit einer dicken Scheibe Brot mit Braten hinschob und die Schüssel wegräumte, die Hugo in Windeseile leer gelöffelt hatte. „Sie riecht Ärger drei Meilen gegen den Wind und lässt niemanden ein, der uns Übles will."

„Es wäre ja auch zu schade, wenn jemand all das kaputt machen würde, was ihr in den letzten Jahren gebaut habt", sagte Hugo mit vollem Mund, weil er sofort ein großes Stück von der duftenden Brotscheibe mit der leckeren Kruste abgebissen hatte. „Habt ihr das wirklich alles alleine hingekriegt?"

„Nein, natürlich nicht. Wir hatten Arbeiter, die uns geholfen haben. Aber es stimmt, die Schwestern mussten mit anpacken und der erste Winter auf dem Berg war sehr hart. Einige Schwestern haben unsere Gemeinschaft damals verlassen, weil sie die Kälte nicht ertragen haben und die Bauarbeiten ihnen zu schwer waren. Mörtel mischen, Steine behauen und Mauern hochziehen gehört ja auch nicht gerade zur Grundausbildung adeliger Mädchen. Aber du bist bestimmt nicht gekommen, um mit mir über mein Kloster zu sprechen", sagte Hildegard. „Was kann ich also für dich tun, außer deinen knurrenden Magen zu besänftigen?"
In diesem Moment kam Schwester Gisela mit zwei Mägden in die Küche. Sie trugen Körbe mit Gemüse, das sie gerade aus dem Garten geholt hatten.

„Dieses Kloster ist wirklich ein Bienenstock", sagte Hildegard lachend. „Lass uns in meine Schreibstube gehen, da haben wir Ruhe."

Eine Botschaft für die Äbtissin

Hildegards Schreibstube war hell und freundlich. Drei Pulte standen direkt am Fenster und der schwere Tisch aus Eichenholz quoll über vor Büchern und Pergamenten. Hildegard setzte sich auf einen gepolsterten Stuhl, dessen Sitzfläche in leuchtenden Farben bestickt war, und forderte auch Hugo auf, Platz zu nehmen.
„Meine Botschaft stammt von unserem Kaiser Friedrich", begann Hugo. „Es ist eine verzwickte Geschichte."
„Dann fängst du am besten ganz von vorne an", meinte Hildegard.

Du wunderst dich jetzt bestimmt, dass Hugo Hildegard keinen Brief gegeben hat. Aber dazu muss ich dir sagen, dass die richtig wichtigen Botschaften im Mittelalter fast immer mündlich überbracht wurden. Stell dir bloß mal vor, was geschehen wäre, wenn Hugo unterwegs überfallen und dabei das Pergament mit der Botschaft geklaut worden wäre. Gut, die wenigsten Räuber konnten damals lesen und schreiben, das heißt aber keineswegs, dass sie dumm waren. Sie hätten sich jemanden gesucht, der ihnen den Brief vorlas, oder den Ritter selbst dazu gezwungen. Dann hätten sie gewusst, wie wichtig die Botschaft ist, und versucht, die Angehörigen des Ritters zu erpressen oder sogar dem Kaiser selbst Schwierigkeiten zu machen. Da war es viel sicherer, jemanden als Boten zu senden, der sich die wichtigen Sachen merken konnte.

Für Hugo war das überhaupt kein Problem, er war ja schließlich dabei gewesen, als die Sache mit den Heiligen Drei Königen geschah. „Du hast sicher von Friedrichs Feldzug nach Italien gehört", begann Hugo seine Geschichte. Und als Hildegard nickte, fuhr er fort: „Einige italienische Städte hatten schon lange keine Steuern mehr bezahlt. Es ist eben nicht leicht, sie einzufordern, wenn der Kaiser so weit weg ist. Deshalb wollte Barbarossa den Italienern ein für alle Mal zeigen, dass er so etwas nicht mit sich machen ließ. Die Mailänder zu besiegen war ganz schön schwer. Du kannst dir gar nicht vorstellen, wie heiß es dort ist. Wenn wir unsere schweren Rüstungen anhatten, war es unerträglich. Manchmal habe ich kaum Luft gekriegt und war jedes Mal nass geschwitzt. Aber schließlich hatten wir es geschafft. Wir freuten uns schon, weil es nun wieder zurück nach Hause ging, da wur-

den wir plötzlich in das Zelt des Kaisers gerufen."
„Wer ist wir?", fragte Hildegard.
„Karl, Wulfhard, Adalbert und ich", sagte Hugo.
„Die anderen sind auch Ritter?", fragte Hildegard.
„Ja", antwortete Hugo, „wir sind alle ungefähr gleich alt und haben zusammen mit Hermann von Eberstein und Rainald von Dassel gekämpft."
„Ah ja, ich habe gehört, dass der Ebersteiner jetzt immer mit dem Erzbischof von Köln reitet", murmelte Hildegard. „Und was geschah dann?"

„Wir trafen auf Barbarossa, Rainald und Hermann, die sich über ein Pergament beugten. Es war eine Karte von Mailand darauf und sie zeigten gerade auf eine Kirche, für die sie sich zu interessieren schienen. Hermann ergriff das Wort und erklärte uns, dass der Kaiser und der Reichskanzler einen Auftrag für uns hätten.
‚Ihr sollt zu dieser Kirche hier reiten. In ihr befinden sich die Reliquien der hochverehrten Heiligen Drei Könige. Die holt ihr und bringt sie uns.' So wie er das sagte, klang es ganz einfach, aber mir war es trotzdem ganz unheimlich. So geheimnisvoll wie die Drei taten, sah es nicht danach aus, als ob wir etwas Erlaubtes tun sollten. Wenn die Gebeine von Heiligen von einer Kirche zu einer anderen gebracht werden, geschieht das doch immer am helllichten Tag, viele Menschen versammeln sich am Wegrand, sie singen, beten und hoffen auf ein Wunder, wenn der Heilige vorbeigetragen wird. Wir sollten aber bei Nacht dorthin reiten, aufpassen, dass bloß niemand etwas merkt, und mit keinem Menschen darüber reden.

Karl hatte am meisten Angst. Er ist nämlich ziemlich abergläubisch und fürchtete die Rache der Heiligen Drei Könige. Es konnte ja sein, meinte er nachher, dass die überhaupt nicht von dem Ort weggebracht werden wollten, wo sie waren. Vielleicht würde es ihnen in Köln nicht gefallen, unkte Karl, und was wäre, wenn sie dann an uns Rache nähmen? Ich glaube das nicht. Warum sollen die Heiligen Drei Könige ausgerechnet Karl, Hermann, Adalbert und mich bestrafen? Sie wissen doch, dass es Könige sind, die die Befehle geben, und Ritter, die sie ausführen. Wenn ihnen die Angelegenheit nicht passt, würden sie doch viel eher den Kaiser oder Rainald oder Hermann bestrafen.

Allerdings war es ohnehin völlig egal, ob wir die Sache nun guthießen oder nicht. Wir mussten sie so oder so erledigen. Hermann zeigte uns genau, wo wir entlangreiten sollten, und ließ uns die Merkmale auswendig lernen, nach denen wir uns richten konnten. ‚Zunächst haltet ihr euch von unserem Lager aus rechts und reitet den Weg entlang, bis ihr auf einen ausgebrannten Bauernhof trefft, der von Olivenhainen umgeben ist.'

Was er nicht sagte, war, dass wir, die Soldaten Barbarossas, diesen Bauernhof und die Olivenbäume niedergebrannt hatten. Eine völlig blödsinnige Aktion, wenn du mich fragst, denn wie sollen die Mailänder im nächsten Jahr ihre Steuern bezahlen, wenn sie erst einmal neue Bäume pflanzen müssen, um überhaupt Oliven ernten zu können?

‚Dann folgt ihr dem Weg, bis ihr zu einer Brücke kommt. Ihr überquert sie und reitet ein Vaterunser lang geradeaus bis zur nächsten Weggabelung, an der ihr links abbiegt. Ihr erkennt sie an einem großen Stein, der aussieht wie ein dicker Zwerg mit einer Zipfelmütze. Nun reitet ihr so lange, wie ihr braucht, um zehn ‚Gegrüßet seist du, Maria' zu beten, immer geradeaus, dann kommen die Stadttore schon in Sicht. Die Georgskirche erkennt ihr an ihrem hohen Glockenturm. Sie sollte eigentlich offenstehen. Falls das nicht der Fall ist, müsst ihr euch eben irgendwie Zutritt verschaffen.'

Er wollte wirklich, dass wir in eine Kirche einbrechen, ein starkes Stück, fand ich.

‚Und wo in der Kirche befinden sich die Reliquien?', fragte Adalbert.

‚In der Krypta der Kirche', antwortete Hermann. ‚Ursprünglich waren sie im Glockenturm versteckt, aber während der Belagerung haben die Mailänder sie in die Krypta gebracht, weil sie dort sicherer waren. Der Schrein ist ungefähr so groß wie diese Truhe hier', er deutete auf eine Ecke des Zeltes, wo eine aufgeklappte Truhe stand, in der noch mehr Pergamente lagen. ‚Aber den lasst ihr da. Ihr öffnet ihn, nehmt die Reliquien heraus und transportiert sie in einem Sack in unser Lager zurück.'

Wulfhard, Karl, Adalbert und ich wurden ganz weiß im Gesicht.

Rainald muss bemerkt haben, wie unwohl wir uns bei der Sache fühlten. Deshalb ergriff er nun das Wort und sagte: ‚Ihr tut es zur Ehre Gottes und zum Wohle des Reiches. Deshalb habt ihr nichts zu befürchten. Die Heiligen Drei Könige selbst werden euch beschützen.'

So ganz konnten wir ihm das nicht glauben, aber was blieb uns übrig? Und so schlichen wir uns, als die Letzten im Lager eingeschlafen waren, hinaus, sattelten unsere Pferde und ritten in die finstere Nacht hinein …

Ein tapferer Mönch
und ein schreckhafter Ritter

… Es war gar nicht so leicht, die Wegmarken zu erkennen, die Hermann von Eberstein uns hatte auswendig lernen lassen. Es herrschte Neumond und auch die Sterne spendeten kein Licht, weil dicke Wolken den Himmel bedeckten.

B‚Bestimmt fängt es gleich an zu regnen', dachte ich, ‚das fehlt mir gerade noch.'

Wir waren vielleicht gerade so lange unterwegs, wie man braucht, um die Vesper zu beten, als wir an der Kirche ankamen. Der Weg war wirklich nicht sehr weit gewesen. Die Pferde stellten wir in einiger Entfernung in einem verlassenen Hof ab, so wie wir es mit Graf Hermann besprochen hatten. Dann schlichen wir uns an die Kirche heran. Adalbert probierte vorsichtig die Tür und tatsächlich, sie war nicht abgeschlossen.

Das wäre zwar auch kein großes Hindernis gewesen. Karl war ein Meister darin, Türen aufzubrechen. Als wir noch Knappen waren, hat er spät abends immer mit einem dünnen Eisenstab mit einem Haken dran das Schloss der Speisekammer geknackt. Nicht, dass wir auf Burg Eberstein zu wenig zu essen gekriegt hätten, aber die Würste von Dietlind, der Köchin, schmeckten einfach so gut. Das muss Graf Hermann wohl irgendwie mitbekommen haben, sonst hätte er nicht so gegrinst, als er vom Einbrechen sprach.

Die Kirche war sehr dunkel bis auf das ewige Licht. Wir schlichen vorsichtig hinein und sahen uns um. Alles schien verlassen zu sein. Wir zündeten einen Docht, den Adalbert aus seinem Beutel zog, am ewigen Licht an und stiegen in die Krypta hinab. Langsam fiel die Furcht von uns ab und wir begannen, uns leise zu unterhalten. Der Schrein stand in einer Nische und sah recht einfach aus. Er hatte wirklich Ähnlichkeit mit der Truhe des Kaisers, nur dass er an den Außenseiten mit ein paar Schnitzereien verziert war, die Szenen aus dem Leben der Heiligen Drei Könige zeigten.

Karl werkelte eine Weile an dem Schloss herum, dann sprang es auf und wir erblickten im flackernden Licht des Dochtes, den Adalbert mit zitternden Händen über die Truhe hielt, die Gebeine der Heiligen Drei Könige.
In diesem Moment hörten wir hinter uns ein Rascheln. Wir fuhren herum und erstarrten vor Schreck, als ein Mönch auf der Treppe zur Krypta auftauchte und mit donnernder Stimme fragte: ‚Wer wagt es, die Grabesruhe der Heiligen Drei Könige zu stören?'

Hermann, der die Reliquien gerade herausnehmen wollte, ließ sie vor Schreck wieder in den Schrein zurückplumpsen und Adalbert fiel der Docht aus der Hand. Den hob ich schnell auf, bevor etwas in Brand geraten konnte, und hielt ihn in die Höhe, damit Karl, Wulfhard und Adalbert eine gute Sicht hatten, während sie sich auf den Mönch stürzten.

Der war nicht so wehrlos, wie man denken sollte. Vielleicht war er früher selbst einmal ein Ritter gewesen. Er verstand es jedenfalls auszuteilen und schwang seine Fäuste behende nach links und rechts. Aber alleine war er gegen uns vier natürlich chancenlos. Zum Glück hatte ich ein Seil dabei, von dem ich mit meinem Schwert zwei Stücke abhieb, damit wir ihm Hände und Füße fesseln konnten. Nun ging wieder alles ganz schnell. Adalbert hängte den Mönch wie einen Sack Kartoffeln vor sich auf sein Pferd, ich nahm den Beutel mit den Reliquien und Karl und Wulfhard bildeten die Vor- und die Nachhut.
Rainald war zum Glück nicht allzu ärgerlich wegen des Mönchs. Der wollte zwar zuerst überhaupt nicht einsehen, warum es gut

sein sollte, dass die Heiligen Drei Könige auf einmal umziehen sollten, aber dann schlug Rainald Bruder Laurentius, so hieß der Mönch, vor, ihn zum Bewacher der Könige zu machen und ihn nach Köln mitzunehmen.

Diese Idee gefiel Laurentius so gut, dass er keinen Ärger mehr machte und versprach, niemandem etwas von den Reliquien zu erzählen, bis sie sicher in ihrem neuen Zuhause angekommen sein würden.

Am anderen Morgen wurden wir erneut in das Zelt des Königs bestellt, der uns mächtig lobte, weil wir so furchtlos und so umsichtig gewesen waren und dem Reich einen großen Dienst erwiesen hätten. Das hört man ja gern und so gingen wir gut gelaunt zu unserem Lagerfeuer zurück, wo wir anfingen, alles zusammenzupacken, weil wir nun den langen Weg zurück über die Alpen antreten würden …

Ein Schreck, eine Suche und ein Plan

… *Auch die Sachen des Kaisers wurden verpackt. Es liefen eine Menge Diener um das Zelt herum, um all die Waffen, Rüstungen, die Truhen mit der Kleidung, das Geschirr und alles andere, was ein Kaiser so braucht, in Kisten und Kästen zu packen und auf die Maultiere zu schnallen, die unseren Tross zurück über die Alpen begleiten würden.*

Weil sie ein Pferd als Mutter und einen Esel als Vater haben, sind die Maultiere unglaublich ausdauernd und sehr stark. Wenn man über die Berge zieht, ist das sehr wichtig und deshalb lässt der Kaiser immer wieder welche nachzüchten. Weil sie so verschiedene Eltern haben, können die meisten Maultiere selbst keine Fohlen bekommen, aber es gibt ja immer genug Pferde und Esel, um für Nachschub zu sorgen.

Ich war mit dem Packen viel schneller fertig, als der Kaiser. Aber darüber wunderte sich niemand, weil wir einfachen Ritter natürlich nur wenige Sachen dabei haben." An dieser Stelle schaute Hugo an seinem Gewand hinunter, dem man ansah, dass es in den letzten Wochen eine Menge mitgemacht hatte. „Weil ich nichts mehr zu tun hatte, guckte ich mich ein wenig um und bemerkte, wie sich rund um das Zelt des Kaisers plötzlich Unruhe ausbreitete. Knappen rannten hin und her, ein Diener kam mit hochrotem Kopf aus dem Zelt gestürmt und von drinnen hörte man Hermann von Eberstein brüllen. Wenn Hermann sich derartig aufregt, muss er einen wichtigen Grund haben, denn normalerweise ist er ein ziemlich gemütlicher Mensch, den nichts so leicht aus der Ruhe bringt.

Adalbert, Karl und Wulfhard waren auch aufmerksam geworden und starrten neugierig zum Kaiserzelt, während sie noch einmal überprüften, ob sie ihre Sachen auch gut auf dem Pferd festgeschnallt hatten. Weil wir nicht so viel besitzen wie Barbarossa, passen wir besonders gut auf unsere Sachen auf.
In diesem Moment kam Graf Hermann mit hochrotem Kopf aus dem Zelt gestürmt und rief nach uns.

Wir liefen rasch zu ihm und wurden eilig durch die Luke nach innen gezogen.

Hermann brüllte nun nicht mehr. Er sprach vielmehr bedrohlich leise, sodass sich mir die Nackenhaare aufstellten. ‚Wo sind sie?', fragte er.

‚Wer?', fragten wir zurück.

‚Die Heiligen Drei Könige', zischte er. ‚Und dieser verflixte Mönch, wie heißt er noch mal?'

‚Laurentius', sagte Rainald von Dassel, der aus dem Schatten trat, den die Rückwand des Zeltes warf. Adalbert, Wulfhard, Karl und ich blickten uns um. Wo gestern noch jede Menge Klappstühle, Tischchen, Truhen und ein Kohlebecken gestanden hatten, auf dem ein Diener den Würzwein für die hohen Herren erwärmt hatte, herrschte nun gähnende Leere.

‚Sie sind weg?', flüsterte Wulfhard fassungslos.

‚Nein, wir spielen Heiteres Könige suchen', knurrte Barbarossa, der nun ebenfalls hinzugetreten war. ‚Wann sind sie denn das letzte Mal gesehen worden?', fragte ich.

‚Das ist die erste vernünftige Frage, die ich heute gehört habe', sagte der Kaiser und schaute mich direkt an, sodass ich ganz rot wurde.

Rainald überlegte: ‚Als wir heute Morgen über die Reiseroute gesprochen haben, lag der Beutel noch dort, wo auch die Truhe gestanden hatte.'

‚Und wo war der Mönch?', fragte ich weiter. Ich bin nämlich gut darin, Sachen zu suchen, musst du wissen. Als meine Großmutter ein wenig vergesslich wurde, hat sie auch oft Sachen verlegt und je mehr Fragen ich ihr stellte, desto besser konnte sie sich erinnern und dann haben wir ihre Sachen meist wiedergefunden.

‚Der wollte sich im Lager etwas zu essen besorgen', meinte Hermann.

‚Und dann wollte er noch mal kurz weg, um ein paar Sachen zu holen, weil er ja nicht mehr zurückkommen würde', fügte Rainald an.

‚Das war der Moment, in dem einer der Knappen kam und dir deinen Umhang brachte.'

‚Der Tölpel hat das Kohlebecken umgerissen, den Wein verschüttet und danach … danach war der Beutel mit den Reliquien verschwunden.'

Rainald straffte die Schultern. Er war nicht nur ein guter Bischof, sondern auch ein kluger Feldherr. Deshalb kamen seine Befehle nun knapp und präzise: ‚Hugo, Adalbert, Karl und Wulfhard: Ihr durchsucht das Lager nach dem Mönch Laurentius. Dem angeblichen Mönch, muss ich wohl sagen. Hermann, wie sah der Knappe aus?'

Der Graf überlegte. Das fand ich mal wieder typisch. Die hohen Herren machen sich ja nicht die Mühe, unsereinen groß zu beachten. Das hatten sie nun davon. Und die Reliquien waren ihnen direkt unter ihren Augen weggeklaut worden.

Wir suchten mehrere Stunden lang das Lager ab und fragten nach dem verschwundenen Mönch. Rainald hatte uns aufgetragen, nichts von den Reliquien zu erzählen, sondern einfach zu sagen, dass der falsche Mönch dem Grafen Hermann seine Geldkatze gestohlen hätte.

Aber niemand hatte Laurentius gesehen. Mich wunderte das nicht. Wenn er sich wirklich mit den Reliquien auf und davon gemacht hatte, würde er das wohl kaum in seiner Kutte tun, sondern sich irgendein einfaches Gewand überstreifen, sich als Knecht oder Knappe verkleiden. Und wenn es wirklich stimmte, was Rainald gesagt hatte, konnte er mit den Heiligen Drei Königen längst über alle Berge sein.

Das Einzige, was ich einfach nicht verstand, war, warum er sie unbedingt zurückstehlen wollte. In die Kirche, aus der sie gekommen waren, konnte er sie unmöglich zurückbringen, denn da würden wir zuerst suchen.
Wulfhard war sofort dorthin geritten und nach einer Weile ohne Ergebnis wieder zurückgekommen. In der Umgebung hatte niemand einen Mönch oder einen großen Mann wie Laurentius gesehen. Die Reliquien würde er niemandem zeigen können, weil dann ja sofort herauskäme, dass er sie gestohlen hat. Wie ich es auch drehte und wendete, die Sache machte einfach keinen Sinn. Wenn wir die Könige wirklich wiederhaben wollten, mussten wir einen Plan haben.
Das sagte ich auch, als wir nach einigen Stunden vergeblichen Suchens wieder im Zelt des Kaisers zusammenkamen.

Barbarossa sah mich schon wieder so an und diesmal zwinkerte er mir sogar zu. ‚Ein kluger Ritter ist eine Zierde für seinen Herrscher', sagte er, weshalb ich schon wieder rot wurde. ‚Ich habe da auch schon eine Idee.' Er sah mich immer noch an. Langsam wurde ich ernsthaft nervös. ‚Unser junger Freund hier wird uns dabei helfen, meine Heiligen Kollegen wiederzufinden. Ihr anderen', er schwenkte seine Hand, an der ein kostbarer Ring funkelte, ‚könnt euch wieder euren Aufgaben widmen.'

Karl, Adalbert und Wulfhard gingen hinaus. Sie wirkten erleichtert, dem Ärger entgangen zu sein. Der Kaiser blickte ihnen einen Augenblick nach, dann wandte er sich mir zu. ‚Ich habe nachgedacht', sagte er, ‚die Einzige, die uns in dieser Situation helfen kann, ist Hildegard von Bingen.'"

Ein geheimnisvoller Satz

„*Und wie stellt Barbarossa sich das vor?*", *fragte Hildegard, die nach Hugos langem Bericht nun ziemlich skeptisch aussah.*
„*Das hat er mir nicht gesagt*", *meinte Hugo ein wenig zerknirscht.* „*Er sagte nur, du würdest ihn in dieser Situation nicht im Stich lassen. Wenn jemand die Könige wiederfinden würde, dann du.*"

„Er ist verrückt geworden", murmelte Hildegard, während sie mit den Fingerspitzen auf die Stuhllehne trommelte. „Vollkommen verrückt. Ich bin doch kein Orakel!"
Hugo war sehr verlegen. Er hatte Hildegard doch nicht wütend machen wollen. „Ja, aber", stotterte er, „du siehst doch andauernd all diese Sachen, kannst du denn nicht in deiner Schau erkennen, wo die Heiligen Drei Könige sind?"

Hildegard sah ihn beinahe mitleidig an. „Wenn das so einfach funktionieren würde, wäre das natürlich klasse. Glaubst du wirklich, ich hätte dann solche Schwierigkeiten gehabt, das alles hier aufzubauen? Ich hätte ja nur nach Mainz reiten, ein paar Leute beim Glücksspiel übers Ohr hauen brauchen und schon hätte ich jede Menge Geld gehabt, um Arbeiter zu bezahlen. Stattdessen habe ich stundenlang Verhandlungen geführt, um unsere Mitgift gekämpft und danach zur Entspannung im Mörtel gerührt. Nein, nein, nein, so funktioniert das nicht. Barbarossa muss etwas anderes gemeint haben, wenn er gesagt hat, dass nur ich ihm helfen kann. Hat er dir denn sonst noch irgendeine Botschaft mitgegeben?"
„Ja", sagte Hugo, „einen lateinischen Satz, den musste ich auswendig lernen. Er heißt: In Coloniam homines pures habitant."
„In Köln wohnen reine Menschen", wiederholte Hildegard nachdenklich. „Nach Köln sollten die Reliquien der Heiligen Drei Könige gebracht werden." Die Äbtissin schwieg und drehte den Becher in ihren Händen hin und her, aus dem sie eben einen Schluck Wasser getrunken hatte.
In diesem Moment klopfe es an die Tür. Hildegard rief „Ave", das ist Lateinisch und heißt so viel wie „Hallo", und Volmar trat ein.

Er hatte einen Stapel frischer Pergamentblätter in der Hand und blieb überrascht stehen, als er Hugo erblickte. „Das", sagte Hildegard und zeigte auf den jungen Ritter, der immer noch ziemlich verwirrt aussah, „ist Hugo von Burgeck. Was er mir zu sagen hat, kannst du auch hören und am besten rufen wir auch Hiltrud dazu, denn es ist eine sehr verzwickte Angelegenheit."
„Gut", sagte Volmar, legte den Pergamentstapel auf den großen Tisch und wandte sich wieder der Tür zu, „ich gehe sie holen. Wir wollten ja ohnehin an deinem neuen Buch weiterarbeiten."
Die Nonne, mit der Volmar wenig später in Hildegards Schreibstube zurückkehrte, war schlank, etwas größer als Hildegard und hatte wie sie eine Menge Lachfalten in ihrem freundlichen Gesicht. Die beiden sahen sich sogar ein bisschen ähnlich, was ja auch kein Wunder war, wo sie doch schon mehr als 50 Jahre miteinander verbracht hatten.

‚Vielleicht ist das nicht nur bei alten Ehepaaren so, dass sie sich am Ende ähnlich sehen', dachte Hugo, der das schon bei seinen Großeltern und seinen Eltern beobachtet hatte.

„Setzt euch", sagte Hildegard zu Hiltrud und Volmar und die beiden nahmen auf zwei Hockern, die sie unter dem großen Tisch hervorzogen, Platz. „Hugo von Burgeck", begann Hildegard zu erzählen, „dient als Ritter im Gefolge von Hermann von Eberstein, der, wie ihr euch vielleicht erinnert, immer mit Rainald von Dassel reitet. Er war dabei, als unser Kaiser Friedrich die Mailänder besiegte, und bekam, gemeinsam mit seinen Kameraden, einen besonderen Auftrag. Er sollte die Gebeine der Heiligen Drei Könige stehlen."

Hildegard redet Klartext

Wie du siehst, redet Hildegard nicht groß um den heißen Brei herum, sondern sagt immer gleich, was Sache ist. Deshalb hat sie auch so gute Predigten gehalten. Falls du dich jetzt wunderst, wie es sein kann, dass eine Frau Predigten hält und noch dazu im Mittelalter, muss ich dir sagen, dass die Menschen sich damals auch darüber gewundert haben.

Hildegard hat es aber trotzdem getan. Sie war zu der Zeit, in der unsere Geschichte spielt, schon zweimal für längere Zeit unterwegs gewesen und hatte in Klöstern, Kirchen und auf öffentlichen Plätzen gepredigt. Dabei nahm sie kein Blatt vor den Mund. Das bekamen sogar die Priester zu spüren. Denen sagte sie: „Mit eurem leeren Getue verscheucht ihr bestenfalls im Sommer ein paar Fliegen." Das war ganz schön hart, aber wenn sie den Priestern vorhielt, sich mal wie Knechte, mal wie Showmaster, mal wie Politiker zu benehmen und darüber ihre eigentlichen Pflichten zu vergessen, hatte sie nicht unrecht. Es ist eben gar nicht so leicht, gleichzeitig Bischof und Politiker zu sein. Das merkte Rainald immer wieder, wenn er für den Kaiser unterwegs war und dann wochen- oder monatelang nicht in seinem Bistum Köln sein konnte. Außerdem kann Politik sehr kompliziert und ärgerlich sein. Die Situation, in der er jetzt steckte, zeigte das ziemlich genau. Denn die Sache mit den Heiligen Drei Königen war Rainald und Friedrich ganz schön über den Kopf gewachsen.

Volmar und Hiltrud waren entsetzt. Sie unterbrachen Hildegard aber nicht, weil sie merkten, dass sie noch nicht die ganze Geschichte gehört hatten.
„Barbarossa wollte die Reliquien der Könige haben, um sie dem Erzbischof von Köln zu schenken."
„Und um seine Macht zu festigen", murmelte Hiltrud.

„Und um seine Macht zu festigen", bestätigte Hildegard. „Leider blieb es nicht bei dem einen Diebstahl. Die Gebeine der Heiligen sind aus dem Zelt des Königs verschwunden, genauso wie der Mönch, der sie angeblich bewachen wollte. Der Kaiser will die Reliquien natürlich unbedingt wiederfinden. Deshalb hat er Hugo zu uns geschickt, um mich um Hilfe zu bitten."

„Ist er verrückt geworden?", fragte Hiltrud empört, „Du bist doch kein Orakel!"

„Genau das habe ich auch gesagt", erwiderte Hildegard. „Es scheint aber so, als ob Friedrich auf etwas anderes anspielt als meine Visionen."

Du fragst dich jetzt sicher, was es mit diesen Visionen eigentlich auf sich hat. So etwas kommt ja nicht jeden Tag vor, dass jemand Dinge sieht, die andere nicht sehen, und wenn man es recht bedenkt, ist das sogar fast ein bisschen unheimlich. Zum Glück wissen wir bei Hildegard ziemlich genau darüber Bescheid, wie das mit den Visionen bei ihr vonstattenging, weil sie selbst davon erzählt hat.

Als sie drei Jahre alt war, sah sie plötzlich ein ganz wunderschönes helles Licht. Es war warm, freundlich und erfüllte sie ganz und gar. Von da an verlief Hildegards Leben anders als das ihrer neun Geschwister. Sie sah und spürte nämlich regelmäßig Dinge, die den anderen verborgen blieben. Als sie einmal mit ihrer Amme unterwegs war, kamen die beiden an einer Wiese vorbei, auf der eine Kuh stand, die bald ein Kälbchen zur Welt bringen würde. Hildegard sah, wie das Kälbchen aussah: Es hatte eine hübsche weiße Blesse auf der Stirn. Das erzählte sie ihrer Amme und die dachte, was Erwachsene oft denken, wenn Kinder Sachen sehen, die die Erwachsenen nicht mehr bemerken: ‚Was für eine Fantasie dieses Kind doch hat', und vergaß die Sache schnell wieder.

Eine Amme ist übrigens eine Frau, die anstelle der Mutter das Baby stillt und auf es aufpasst. So etwas gab es bei den reichen Leuten im Mittelalter, und weil Hildegards Eltern Adelige waren, hatte sie eben eine Amme.

Wenn Hildegard ihre Visionen hatte, geschah das immer mitten im normalen Leben: beim Essen, auf einem Spaziergang oder beim Spielen mit ihren Geschwistern. Zuerst erzählte sie den anderen davon, aber als sie merkte, dass sie die Einzige war, die solche Bilder sah, bekam sie Angst und sprach nicht mehr davon.

Ihre Eltern hatten aber mitbekommen, dass die kleine Hildegard anders war als ihre anderen Kinder. Deshalb dachten sie, für Hildegard wäre es das Beste, in einem Kloster zu leben. Im Mittelalter wurden die Kinder der Adeligen, wenn sie sieben Jahre alt waren, an einen anderen Hof geschickt. Das war so ähnlich, wie wenn heute die Kinder zur Schule kommen. Dort lernten sie dann Lesen, Schreiben, Sticken, Reiten und Kämpfen, je nachdem ob sie Jungen oder Mädchen waren. Mädchen konnten keine Ritter werden, aber das machte Hildegard nichts aus, weil sie sowieso lieber lesen und schreiben wollte. Sie lernte das bei einer klugen Frau namens Uda, die noch ein anderes Mädchen unterrichtete, Jutta, mit der sie später gemeinsam in das Kloster auf dem Disibodenberg zog. Aber jetzt wollen wir erst mal hören, wie es in der Schreibstube weiterging.

Ein Streit mit Hiltrud und eine Idee

„Friedrich hat mir durch Hugo einen Satz übermitteln lassen. Er heißt: ‚In Coloniam homines pures habitant.'"
„In Köln wohnen reine Menschen", wiederholte Volmar nachdenklich. „Barbarossa glaubt, dass die Katharer etwas damit zu tun haben."

"Sieht ganz so aus", lächelte Hildegard, die sich freute, weil Volmar denselben Gedanken gehabt hatte wie sie.

Hiltrud guckte nachdenklich, nur Hugo sah aus, als ob er überhaupt nichts verstanden hatte, deshalb sagte sie: „Ich glaube, wir sollten unserem jungen Freund hier erklären, was die Katharer sind."

„Der Satz, den der Kaiser dir mit auf den Weg gab", begann Hildegard, „hat mehrere Bedeutungen. Du kannst ihn einfach wörtlich nehmen. Dann heißt er: ‚In Köln leben reine Menschen.' Der verborgene Sinn des Satzes sagt aber etwas anderes. Es gibt nämlich seit einiger Zeit eine Gruppe von Menschen, die sich ‚die Reinen' nennen. Auf Lateinisch heißen sie ‚homines pures' und auf Griechisch ‚Katharoi oder Katharer'. Sie haben eine eigene Kirche gebildet mit Priestern, Priesterinnen und Bischöfen."

„Sie haben Priesterinnen?", fragte Hugo erstaunt.
„Ja", erwiderte Hiltrud, „die Frauen haben bei ihnen die gleichen Rechte wie die Männer. Sie dürfen predigen", an dieser Stelle zwinkerte Hiltrud Hildegard verschmitzt zu, „die Taufe spenden und Ehen schließen."

„Und warum haben sie eine eigene Kirche gebildet?", fragte Hugo. „Genügt ihnen unsere denn nicht mehr?"
„Nein", sagte Hiltrud. „Unsere Kirche halten sie für schlecht, weil viele Priester und Bischöfe so reich sind, nach Macht streben und gelichzeitig Politiker sein wollen. Sie unterscheiden sich aber auch sonst von uns. Sie glauben nämlich, dass unsere ganze

Welt, alles, was man anfassen kann, schlecht ist. Sie sind überzeugt, dass der Körper böse ist. Darum hören manche von ihnen auf zu essen. Sie verhungern langsam, weil sie glauben, dass sie dann in den Himmel kommen."
„So ein Quatsch", empörte sich Hugo.
Hildegard grinste. „Ihn würden sie niemals bekehren, dafür isst er zu gern und das ist auch gut so", wandte sie sich mit einem entschuldigenden Lächeln an ihren Gast.

„Die Katharer", sagte Hildegard nun zu Hiltrud und Volmar, „haben nicht nur in Köln eine große Gemeinde, es gibt auch in Italien Gruppen von ihnen. Wenn ein Katharer die Gebeine der Heiligen Drei Könige gestohlen hat und Barbarossa mir den Hinweis auf die Kölner Katharer gibt, dann glaubt er, dass es eine Verbindung zwischen der italienischen Gruppe und der in Köln geben muss."

„Und er denkt, dass es im Umfeld von Rainald einen Spion gibt, der wusste, dass die Reliquien der Könige nach Köln gebracht werden sollten, und der genau das verhindern will", fügte Volmar an.

„Aber wieso sollst du dich um diesen ganzen Schlamassel kümmern?", fragte Hiltrud ärgerlich. „Es ist ja nicht so, dass du sonst nichts zu tun hättest."
„Das stimmt", gab Hildegard zu. „Ich denke aber trotzdem, dass es an der Zeit ist, wieder einmal auf Predigtreise zu gehen."
„Das kann doch nicht dein Ernst sein." Hiltrud klang nun richtig sauer. „Du bist gerade monatelang krank gewesen, hast mit

knapper Not dein Buch über die Ursachen und Behandlungen der Krankheiten und das Wesen der Natur fertiggestellt, wir wollten gerade mit deinem zweiten Visionsbuch anfangen und nun willst du schon wieder wochenlang unterwegs sein. Und wer macht hier inzwischen die Arbeit? Ich!"
„Nein", sagte Hildegard, die Hiltrud belustigt zugehört hatte.
„Warum?", fragte Hiltrud. Hugo fand, dass sie ein bisschen aussah wie sein Hund, wenn er ihm gerade seinen Lieblingsknochen vor der Nase weggeschnappt hatte.
„Weil ich dich dabei haben will, wenn ich diese Sache aufkläre. Oder glaubst du im Ernst, ich würde eine solche Detektivarbeit ohne meine beste Freundin machen?"

Nun strahlte Hiltrud und hatte auf einmal überhaupt nichts mehr dagegen, dass Hildegard wieder auf Reisen gehen wollte. Der Einzige, der nun ein wenig bedröppelt aussah, war Volmar. Das änderte sich aber blitzartig, als Hildegard sich an ihn wandte und sagte: „Du kommst natürlich auch mit und dann gibt es noch jemanden, den wir unbedingt dabei haben sollten."
„Und wen?", fragten Hiltrud und Volmar wie aus einem Munde.
„Aaron", erwiderte Hildegard, „den Sohn meines Freundes Ezra."
„Aber wie kann er uns helfen?", fragte Volmar.
„Ganz einfach", sagte Hildegard, „ich erkläre es euch."

Hildegards Plan

Mit einem Mal war die alte Nonne Feuer und Flamme. Hugo verstand jetzt, warum so viele Menschen beeindruckt von ihr waren, denn ihre Begeisterung wirkte absolut ansteckend. „Ihr wisst ja, dass Aaron Ezra seit einiger Zeit auf seinen Reisen begleiten darf und auch schon einige Male Botengänge für ihn unternommen hat. Bei unserem letzten Treffen hat Ezra mir erzählt, dass seine Geschäfte viel besser laufen, seit er Aaron dabei hat."

„Warum das denn?", fragte Hiltrud, „Ezra ist doch ein erfahrener Händler."

„Ja", erwiderte Hildegard, „aber er kann seine Augen und Ohren nicht überall haben. Wenn Ezra vorne im Handelshaus die ersten Gespräche führt, neue Stoffe prüft und seine Einkaufslisten erstellt, beschafft Aaron ihm Informationen, die er von seinen Handelspartnern nicht erhält. Erst war Ezra sauer auf Aaron, weil er dachte, sein Sohn treibt sich in der Gegend herum, während er, Ezra, im Schweiße seines Angesichts den Lebensunterhalt für die Familie erarbeitet. Aber dann hat er begriffen, wie raffiniert es ist, was Aaron da macht. Er geht zum Beispiel in die Küche und kommt, während er eine leckere Mahlzeit schnorrt, mit den Knechten und Mägden ins Gespräch.

Als die beiden kürzlich zum Beispiel im Norden Italiens unterwegs waren, verhandelte Ezra mit einem Tuchhändler, der ihm ganz neue Ware anpries. Aaron erfuhr unterdessen von einem der Knechte, dass nur die ersten drei Ballen von guter Qualität waren, die anderen aber auf dem Transport nass geworden waren und Meerwasser hässliche Spuren auf ihnen hinterlassen hatte. An deiner Stelle würde ich die letzten drei Ballen prüfen', meinte der Knecht augenzwinkernd. Und genau das hat Aaron seinem Vater auch zugeflüstert, bevor er den Vertrag mit Giovanni, seinem Geschäftspartner, abschloss. Der wollte zuerst abwiegeln, als Ezra plötzlich Interesse für die grüne Seide zeigte, die Giovanni so unauffällig unter drei anderen Ballen platziert hatte. Doch Ezra fackelte gar nicht lange, hob mit Aaron die oberen Ballen ab und entrollte die grüne Seide, deren hässliche Flecken im hellen Sonnenlicht deutlich hervortraten.

Giovanni war das Ganze natürlich furchtbar peinlich. Ezra dagegen war froh, dass Aaron dem Knecht, der schon so oft Giovannis schlechte Laune hatte ertragen müssen und deshalb bereitwillig von dessen hinterhältigen Geschäftsmethoden erzählte, diese wichtige Information entlockt hatte. Seitdem schimpft Ezra nicht mehr, wenn Aaron in einer Handelsstadt seine eigenen Wege geht, auf den Märkten mit den Verkäuferinnen schwatzt, den Knechten im Stall ein wenig zur Hand geht oder häufig der Nase nach in der Küche verschwindet, wo man sowieso immer die neuesten Nachrichten erfährt.

Aaron hört davon, wenn ein Händler Schulden gemacht hat und deshalb dringend auf den Verkauf seiner Ware angewiesen ist. Er kriegt es raus, wenn jemand krumme Sachen macht und man sich auf sein Wort nicht verlassen kann. Und was das Beste ist: Aaron ist so gut wie unsichtbar."
„Wie das?", fragten Hiltrud, Volmar und Hugo, die nun ziemlich verdutzt aussahen, wie aus einem Munde.
„Er passt sich an seine Umgebung an, hört gut zu und verhält sich ganz unauffällig. Auf diese Weise hört er jede Menge Gespräche an, die nicht für seine Ohren bestimmt sind. Genau diese Fähigkeiten können wir uns zunutze machen, wenn wir das Rätsel um die verschwundenen Könige lösen wollen."

„Aber Aaron ist Jude", gab Volmar zu bedenken. „Wenn wir auf Predigtreise gehen, besuchen wir viele Gottesdienste, schlafen in Klöstern, essen Schweinefleisch."
„Aaron wird, wenn Ezra damit einverstanden ist, dass er uns begleitet, als Knecht mitreisen. Wie unsere Gottesdienste ablaufen

und was er beachten muss, um nicht aufzufallen, kann ich ihm erklären", meinte Hildegard. „Was die Übernachtung angeht, so kann er in den Klöstern bei den anderen Knechten schlafen. Das ist kein Problem. Im Gegenteil. So kann er, genau wie auf den Handelsreisen mit seinem Vater, Sachen in Erfahrung bringen, über die man mit uns vielleicht nicht reden würde. Nur für die Mahlzeiten müssen wir uns etwas ausdenken. Schweinefleisch ist für Aaron tabu, da gibt´s kein Vertun."

„Er könnte einfach darauf verzichten und, wenn er gefragt wird, sagen, dass er ein Gelübde abgelegt hat, auf Schweinefleisch zu verzichten. Das wäre nicht gelogen, weil er als Jude ja kein Schweinefleisch essen darf", meinte Volmar.
„Eine gute Idee", stimmte Hildegard zu.
„Wohin genau soll unsere Reise denn gehen?", fragte Hiltrud nun.

„Wir reiten den Rhein entlang über Boppard, Andernach und Siegburg nach Köln", sagte Hildegard bestimmt. „Ich bin überzeugt, dass das geheimnisvolle Verschwinden der Heiligen Drei Könige irgendetwas mit der Bischofsstadt zu tun hat. Außerdem können wir bei der Gelegenheit Tenxwind einen Besuch abstatten."

Die Reise wird vorbereitet

Hiltrud begann zu kichern. Volmar prustete los und Hugo sah verwirrt aus.

„Das müssen wir unserem jungen Freund jetzt erklären, sonst versteht er den Witz nicht", sagte Hildegards Propst. „Du hast ja inzwischen gehört, dass Hildegards Freund Ezra Stoffhändler ist", begann Volmar seine Erzählung. „Er beliefert auch unser Kloster hier auf dem Rupertsberg. Als der ganze Stress mit den Bauarbeiten endlich vorbei war, hatte unsere Äbtissin hier", er zeigte auf Hildegard, „die gute Idee, dass wir ein schönes Fest feiern sollten. Dazu hat sie ein Singspiel getextet und Melodien dazu komponiert, was die Schwestern einstudiert haben."

„Du durftest auch mitspielen, vergiss das nicht", warf Hiltrud ein.
„Er durfte aber nicht singen", ergänzte Hildegard, „weil unser Priester Volmar nämlich den Teufel gespielt hat."
„Dazu musste ich sehr böse aussehen und mächtig herumbrüllen", lächelte Volmar.
Hugo sah schwer beeindruckt aus.

„Hildegard hat für diese Aufführung bei Ezra wunderschönen weißen Seidenstoff gekauft, aus dem die Schwestern die Gewänder der guten Kräfte, die sie spielen durften, geschneidert haben. Schwester Gisela spielte die Hoffnung, Hiltrud den Glauben und Odilia den Sieg und die übrigen Nonnen stellten die anderen guten Kräfte dar. Als wir das Spiel aufgeführt hatten, fand Hildegard, dass es eigentlich zu schade wäre, die weißen Gewänder in den Truhen verschwinden zu lassen, und deshalb tragen die Schwestern sie nun an den Festtagen im Gottesdienst. Dazu schmücken sie sich mit goldenen Ringen und Haarreifen. Das sieht jedes Mal wunderschön aus. Tenxwind wurde furchtbar wütend, als sie davon hörte. Sie glaubt, Frauen sollten sich im Gottesdienst nicht schön machen, und schrieb Hildegard einen ärgerlichen Brief."
Hugo grinste amüsiert. Diese Reise versprach, spannend zu werden. Apropos: Was würde er denn nun tun? Von ihm hatten sie noch gar nicht gesprochen.
Hiltrud, Volmar und Hildegard sahen dem jungen Ritter an, dass ihn etwas beschäftigte. Deshalb fragte Volmar: „Was geht dir durch den Kopf?"
„Ich habe mich nur gerade gefragt, was ich denn nun tun soll, wenn eure Reise beginnt?", sagte Hugo vorsichtig.

„Mitreiten, was sonst", sagte Hildegard und lächelte, als Hugo über das ganze Gesicht zu strahlen begann. „Schließlich werden wir uns alle wohler fühlen, wenn ein schlagkräftiger Ritter an unserer Seite ist. Aaron ist noch ein Kind, der kann uns nicht beschützen, du aber schon."

Nun wurde Hugo ein wenig rot, denn so viel Lob war er gar nicht gewohnt.
„Wann wollen wir denn abreisen?", fragte Hiltrud, die immer praktisch veranlagt war. Schließlich gab es eine Menge vorzubereiten.
„Ich würde sagen, in einer Woche", meinte Hildegard, nachdem sie einen Augenblick nachgedacht hatte. „Ich muss mit Ezra sprechen. Soweit ich weiß, müsste er gerade von einer Italienreise zurückgekehrt sein. Am besten schicken wir einen unserer Knechte zu seinem Haus nach Bingen. Er kann fragen, ob Ezra Stoffe mitgebracht hat, die er uns anbieten möchte. Wir brauchen ohnehin eine neue Altardecke, die alte ist schon ganz verschlissen und der Stoff für unsere Gewänder wird auch knapp. Wenn im nächsten Monat die neuen Novizinnen kommen, sollten wir vorbereitet sein und genügend Tuche im Lintearium bereithalten.

Hiltrud, gib dem Knecht am besten eine Liste der Stoffe mit, die wir brauchen, dann muss Ezra nicht zweimal gehen. Aaron kann seinem Vater helfen, die Waren anzuliefern und wenn die beiden schon einmal da sind, können wir uns in Ruhe mit ihnen unterhalten."

Ezras Geschichte

Hiltrud machte sich sofort auf den Weg, um die Liste zu schreiben und einen Knecht zu Ezra zu schicken. Volmar war noch sitzen geblieben und sah Hildegard aufmerksam an. „Du brütest gerade eine Idee aus", stellte er fest. Er kannte Hildegard eben schon sehr lange. „Das stimmt", bestätigte die Äbtissin. „Ich habe gerade darüber nachgedacht, dass es gut sein kann, wenn wir uns auf unserer Predigtreise mal trennen. Was ist, wenn einer von uns dann eine wichtige Spur entdeckt und den anderen eine Nachricht darüber geben will, aber dort nicht weg kann, wo er gerade ist, weil er dann eben auch die Spur verlieren würde?"

Volmar sah erst ein wenig verständnislos aus, dann hellte sich sein Gesicht auf. „Du denkst an deine Geheimschrift, die Litterae ignotae!", rief er aus.

„Genau", bestätigte Hildegard und wandte sich nun an Hugo, der die beiden gespannt ansah. „Wie meine Geheimschrift entstand, ist auch eine etwas verzwickte Geschichte", sagte sie. „Sie fängt mit einer schrecklichen Begebenheit an. Du hast bestimmt schon eine Menge von den Kreuzzügen gehört", begann die alte Nonne ihre Erzählung.

Hugo nickte aufmerksam. Ja, das hatte er natürlich. Sein Vater war nicht dabei gewesen, was er persönlich für ein Glück hielt, denn viele, die damals ins Heilige Land gepilgert waren, um dort gegen die Heiden zu kämpfen, waren nicht zurückgekehrt.

Aber auch sonst fand Hugo, dass die Kreuzzüge eine ziemlich seltsame Sache waren. Seine Mutter hatte ihm davon berichtet, dass vieles von dem, was man den Kreuzfahrern erzählt hatte, überhaupt nicht stimmte – zum Beispiel, dass die Christen in Jerusalem nicht ihre Kirchen besuchen durften. Das war einfach nicht wahr. Dort lebten sogar viele Christen friedlich mit den Moslems und den Juden zusammen. Als die Ritter, die am ersten Kreuzzug teilgenommen hatten, nach vielen Entbehrungen endlich in der Heiligen Stadt angekommen waren, hatten sie Moslems, Juden und Christen gleichermaßen totgeschlagen, und das sollte Gott gefallen haben? Seine Mutter Julia glaubte das nicht und Hugo wollte das auch nicht einleuchten.

„Als der zweite Kreuzzug begann", fuhr Hildegard fort, „geschah etwas sehr Schlimmes. Einige von den Kreuzfahrern sagten nämlich: ‚Warum sollen wir bis ins Heilige Land reisen, um gegen die Ungläubigen zu kämpfen? Schließlich leben einige von ihnen direkt hier vor unserer Haustür.' Der das gesagt hatte, war ein Mainzer Handwerker, der eine Menge Schulden gemacht hatte. Weil er das, was er mit den Schuhen, die er herstellte, verdiente, immer gleich in der nächsten Taverne vertrank, hatte er nie genug Geld. Deshalb wurde er so sauer wie eine Zitrone. Allerdings ärgerte er sich nicht über sich und änderte sein dummes Verhalten, er wurde ärgerlich auf diejenigen, die ihm das Geld geliehen hatten und es nun wie vereinbart zurückhaben wollten."

„Wer hatte ihm denn das Geld geliehen?", fragte Hugo gespannt.

„Ein Mainzer Jude", erwiderte Hildegard.

„Warum sind es eigentlich immer die Juden, die Geld verleihen?", fragte Hugo weiter.

„Weil unsere Kirche den Christen verbietet, Geld zu verleihen und dafür Zinsen zu nehmen. Einfach so verleihen dürfen wir es schon. Aber wenn wir dafür, dass wir jemandem für eine Weile Geld geben, dann einen Lohn verlangen, eben die Zinsen, ist es verboten. Bei den Juden ist das anders. Ihr Glaube erlaubt ihnen, mit Geld Geschäfte zu machen. Für uns Christen ist das sehr gut, denn auf diese Weise können wir uns Geld leihen."

Jetzt wunderst du dich bestimmt, denn heutzutage dürfen Christen genauso Geld verleihen wie Juden. Im Mittelalter war das aber anders.

Hildegard fuhr fort: „Jedenfalls ging das Ganze in Mainz so aus, dass einige von denen, die beim zweiten Kreuzzug mitmachen wollten, zwielichtige Gestalten waren. Sie hatten jede Menge

Schulden, die sie nicht mehr zurückzahlen konnten, und der Kreuzzug erschien ihnen wie eine Befreiung. Auf einmal konnten sie weggehen, alle Probleme hinter sich lassen und noch einmal neu anfangen. Natürlich waren sie davon überzeugt, dass im Heiligen Land jede Menge Schätze herumlagen, die nur darauf warteten, von ihnen erobert und in Besitz genommen zu werden.

Aber dann kam ihnen noch ein Gedanke. Wenn es ihre Aufgabe war, im Heiligen Land Ungläubige zu töten, warum sollten sie sich dann die Mühe machen, eine lange Reise auf sich zu nehmen, wenn sie ihre Probleme auch gleich vor Ort lösen konnten. Sie brauchten ja eigentlich einfach nur hingehen, die Juden totschlagen, bei denen sie ihre Schulden hatten, und schon begann ihr neues Leben."

„Ehrlich gesagt kommt mir das gar nicht so unlogisch vor", sagte Hugo, der nun ziemlich verunsichert aussah. „Ich meine, die Juden glauben doch nicht an Jesus, und es stimmt doch, dass es dann eigentlich egal ist, ob man sie in Jerusalem oder in Mainz bekämpft."

„Ja", sagte Hildegard. „Du hast recht. Die Sache ist nämlich die, dass der Fehler ganz woanders liegt. Wir dürfen nämlich, das glaube ich wenigstens, nicht einfach alle totschlagen, die etwas anderes glauben als wir. Stattdessen wäre es viel besser, wenn wir miteinander über das reden würden, was wir glauben. Dann würden wir uns kennenlernen und niemand käme mehr auf den blödsinnigen Gedanken, den anderen umzubringen, nur weil er einen anderen Glauben hat."

„Denken alle Äbtissinnen und Äbte so wie du?", fragte Hugo interessiert.

„Nein, nicht alle", erwiderte Hildegard „aber einige schon. Nimm zum Beispiel mal Abt Peter von Cluny, den sie Venerabilis, den Wunderbaren, nennen. Er hat eigens einen Mann, der die Sprache der Araber beherrscht, beauftragt, den Koran, das heilige Buch der Moslems, ins Lateinische zu übersetzen. Er will, dass die Menschen, die verschiedene Religionen haben, einander verstehen. Oder denk an Peter Abaelard. Er hat ein Buch geschrieben, das ‚Gespräch zwischen einem Philosophen, einem Juden und einem Christen' heißt. Auch er will, dass die Menschen einander besser kennenlernen. Denn wenn man jemanden kennt, ist es viel schwerer, ihm etwas Böses anzudichten, weil man dann ja weiß, dass es überhaupt nicht wahr ist."
„Und was ist mit Bernhard von Clairvaux?", fragte Hugo nun.
„Er hat doch zum zweiten Kreuzzug aufgerufen."

„Das stimmt", schaltete Volmar sich nun in das Gespräch ein. „Der Papst selbst hatte ihn dazu beauftragt. Aber es war nicht Bernhard, der die Bevölkerung angestachelt hat, die Juden zu verfolgen, sondern Radulf. Er ist auch Zisterziensermönch wie Bernhard und hat in Mainz und Worms diese dummen Gedanken verbreitet, die dazu geführt haben, dass verschuldete Gauner wie der Schuster Josef aus Mainz ihre Geldverleiher angegriffen haben. Bernhard ist sehr ärgerlich geworden, als er davon hörte, und hat alles getan, um die Mainzer Juden zu schützen. Er ist sogar selbst nach Mainz gereist, um Radulf persönlich davon abzubringen, weiter gegen die Juden zu predigen."

„Was ist dort damals denn genau geschehen?", wollte Hugo nun wissen.

„Radulf war aus seinem Kloster weggelaufen, um Kreuzzugsprediger zu werden", erklärte Hildegard weiter. „Heinrich, der Bischof von Mainz war entsetzt darüber, denn ungefähr 50 Jahre zuvor hatte es beim ersten Kreuzzug ja schon einmal eine schlimme Judenverfolgung gegeben. Nicht einmal der Bischof, der sich für die Juden eingesetzt hatte, konnte verhindern, dass viele von ihnen starben. Weil Radulf Zisterziensermönch war, schickte Bischof Heinrich sofort Boten zu Bernhard und forderte ihn auf, seinen Mitbruder zur Vernunft zu bringen. Trotzdem war, bis Bernhard Radulf wieder eingefangen hatte, der Besitz einiger Juden in Flammen aufgegangen und es hatte zahlreiche gebrochene Knochen gegeben. Ezra wird immer noch ganz weiß im Gesicht, wenn er nur daran denkt. Seine Familie hat nämlich auch alles verloren, obwohl sie gar kein Geld verliehen, sondern Stoffe verkauft hat. Danach sind sie nach Bingen gezogen und nun ist Ezra mein Freund …

Ein Code für die Könige

… Aber ich wollte dir ja auch erklären, was es mit dem Code auf sich hat, den wir verwenden wollen, um die Könige wiederzufinden", fuhr Hildegard fort.

"Das hat, wie gesagt, mit Ezra zu tun. Ich habe ihn nämlich nicht in Bingen, sondern schon in Mainz kennengelernt, weil er wegen seiner Glaubensbrüder mit dem Bischof verhandelte. Ich war gerade ebenfalls in Mainz, denn Heinrich hatte sich in den Kopf gesetzt, mein erstes Visionsbuch, Scivias, dem Papst zu schicken, der in diesem Jahr eine Bischofsversammlung in Trier abhielt. Darüber wollte er mit mir sprechen. Jedenfalls mussten Ezra und ich gemeinsam warten, weil Heinrich noch einen anderen Besucher hatte, und so kamen wir miteinander ins Gespräch. Es war also ein Glück, dass Heinrich uns lange warten ließ. Dass Ezra ein Jude war, habe ich gleich gesehen, weil er eine Kippa auf dem Kopf hatte, diese kleine kreisförmige Kopfbedeckung, die jüdische Männer tragen. Deshalb habe ich das Gespräch auch auf die schrecklichen Vorfälle gelenkt, die sich in diesen Tagen zugetragen hatten.

Ezra erzählte mir davon, wie die wütende Menge in seine Gasse gestürmt war, wie sie die Blumen und Kräuter herausgerissen hatten, die in Töpfen auf den Fensterbrettern standen, Türen eingetreten, die Möbel zertrümmert und schließlich Feuer gelegt hatten.
‚Die schönen Stoffe, die wir in unserem Lager hatten, sind alle verbrannt', sagte Ezra traurig. ‚Doch wir sind Gott dankbar, dass wenigstens keiner aus unserer Familie verletzt oder sogar getötet worden ist. An allem ist nur dieser verrückte Mönch Radulf schuld. Wenn er die Bürger nicht aufgehetzt hätte, wäre uns nichts passiert.'
Am schlimmsten war der Schuster, Josef, der bei Eliazar verschuldet ist. Josef ist ein Trinker. Jeden Abend sitzt er in der Ta-

verne, und seit seine Frau ihn verlassen hat, weil er anfing, sie zu schlagen, wenn er betrunken war, ist es mit ihm noch schlimmer geworden. Morgens kommt er nicht aus dem Bett, die wenigen Aufträge, die er noch erhält, erledigt er schlampig, da ist es kein Wunder, dass er seine Schulden nicht zurückzahlen konnte. Als Eliazar ihn ermahnt hat, weil die letzte Rate schon seit einem halben Jahr überfällig ist, wurde er wütend und beschimpfte Eliazar als dreckigen Juden und Christusmörder. Natürlich hat es nichts genützt, als Eliazar ihm erklärte, dass euer Messias vor mehr als tausend Jahren von den Römern gekreuzigt worden ist und er, Eliazar, wirklich nichts damit zu tun hat.

Für solche Feinheiten hat jemand wie Josef keinen Sinn. Er war deshalb einer der Ersten, der Radulf zuhörte. Seine Botschaft begriff er schnell, schließlich bot sie ihm einen Ausweg aus seinem Schlamassel an. Wenn er Eliazar totschlug, brauchte er seine Schulden nicht mehr bezahlen', beendete Ezra seinen Bericht.

‚Ihm wird doch hoffentlich nichts passiert sein', fragte ich besorgt. ‚Nein', lächelte Ezra. ‚Es ist ja nicht das erste Mal, dass wir eine solche Verfolgung erleben. Unsere Geldverleiher und ihre Familien bringen wir immer sofort in Sicherheit. Aber auch wir anderen brauchen einen besseren Schutz. Deshalb will ich heute mit dem Bischof sprechen.'

‚Vielleicht solltest du darüber nachdenken, dich an einem anderen Ort anzusiedeln', meinte ich. ‚An einem, der weniger unruhig ist und trotzdem verkehrsgünstig gelegen.'

‚Und an welchen Ort hast du da gedacht?', fragte Ezra neugierig.
‚Bingen wäre ideal', meinte ich. ‚Es liegt am Zusammenfluss von Rhein und Nahe, zwischen Köln und Mainz. Deine Waren könntest du mit dem Schiff genauso befördern wie auf Karren zu Pferd, denn entlang des Flusses sind die Wege gut befestigt. Bingen ist eine schöne ruhige Stadt, in der deine Familie sicher leben kann, aber du bist trotzdem nahe genug an den großen Handelszentren, um gute Geschäfte zu machen.'
‚Warum kennst du dich in dieser Gegend so gut aus?', fragte Ezra. ‚Lebst du nicht auf dem Disibodenberg?'
‚Noch', sagte ich. ‚Aber ich überlege, ob ich nicht ein eigenes Kloster gründen sollte. Deshalb halte ich seit einiger Zeit Ausschau nach einem geeigneten Ort und den Rupertsberg bei Bingen habe ich schon länger im Auge.'

Danach schwiegen wir eine Weile. Ezra hatte ein kleines Büchlein hervorgeholt, in das er sich Notizen machte, und ich tat dasselbe. Damals war ich gerade dabei, mir eine Geheimschrift auszudenken. Dafür gab es eigentlich keinen besonderen Grund, ich habe es einfach so aus Spaß gemacht.
Nach einer Weile bemerkte ich, dass Ezra mich beobachtete, wie ich Buchstabe für Buchstabe die fremden Zeichen aneinanderreihte.
‚Was ist das für eine Sprache?', fragte Ezra neugierig.
‚Unsere Sprache', antwortete ich lächelnd. ‚Ich habe mir ein paar Notizen für das nächste Kapitel meines Buches gemacht. Das heißt: Eigentlich habe ich eher ein bisschen geübt, die Litterae ignotae zu schreiben.'
‚Unbekannte Buchstaben?', fragte Ezra. ‚Nennst du diese Schriftzeichen so?'

‚Ja. Ich habe sie mir einfach aus Spaß ausgedacht', sagte ich ein wenig verlegen.

Ich dachte, vielleicht findet Ezra es überflüssig, sich Geheimzeichen auszudenken, und meint, eine Nonne solle lieber beten. Aber da hatte ich mich geirrt.

Ezra war begeistert. ‚Kannst du sie mir erklären?' bat er.

‚Kein Problem', versicherte ich und zeigte ihm, welches Zeichen ich für welchen Buchstaben eingesetzt hatte. ‚Genial', murmelte er, während er sofort damit begann, die Zeichen in sein Büchlein zu übertragen.

‚Würdest du mir erlauben, diese Zeichen zu verwenden?', fragte er mit leuchtenden Augen. ‚Natürlich, warum nicht. Ich weiß sowieso nicht, was ich mit ihnen anfangen soll.'

‚Aber ich', sagte Ezra entschieden. Und dann erklärte er mir, dass seine Geschäftspartner und er normalerweise die Buchstaben des Aleph Beth, also des hebräischen Alphabetes verwendeten.

‚In letzter Zeit war ich aber öfter in der Situation, dass ich so eine Geheimschrift gebraucht hätte, die eben nicht jeder aus der Gemeinde sofort entziffern kann. Wir haben nämlich leider auch einige unter uns, die den Mund nicht halten können und immer alles gleich ausplaudern. In einer Lage wie jetzt, wo ein Verrückter wie Radulf herumläuft und die Menschen aufhetzt, unsere Häuser anzuzünden, kann das sehr gefährlich sein. Deshalb wäre dein Code eine große Hilfe für uns.' Seitdem verwenden Ezra und einige wenige seiner Freunde die Litterae ignotae, wenn sie wichtige Nachrichten austauschen wollen, die nicht jeder lesen darf. Und natürlich können wir meinen Code für unsere Reise nun auch sehr gut gebrauchen."

Hugo lernt schreiben

„Du fängst also am besten gleich damit an, die neuen Buchstaben zu lernen", sagte Volmar und begann, auf dem mit Pergamenten gefüllten Tisch zu kramen. Unter einem besonders großen Stapel fertiger Seiten zog er schließlich eine hervor, auf der sechs Reihen von Buchstaben abgebildet waren. Drei davon erkannte Hugo sofort, dem Volmar das Pergament herübergereicht hatte. Es war das ABC, so wie es ihm der Kaplan auf Schloss Burgeck beigebracht hatte. Unter den normalen Buchstaben standen geschwungene Zeichen. Hugo sah sie sich eine Weile an.

Bei einigen hatte Hildegard einfach den vertrauten Buchstaben ein wenig verändert. Das war zum Beispiel gleich beim A so. Hildegard hatte es auf den Kopf gestellt, einen kleinen Teil weggelassen und einen anderen verändert. Beim B hatte sie oben einen Strich hinzugefügt. Das Zeichen für das C dagegen hatte überhaupt keine Ähnlichkeit mit dem Buchstaben, den er darstellen sollte. Das D wiederum sah aus wie im Spiegel gelesen und einen kleinen Strich an dem Buchstaben hatte Hildegard an der einen Stelle weggenommen und an der anderen angefügt.
Volmar nickte, als Hugo ihm seine Beobachtungen mitteilte. „Sehr gut!", lobte er ihn. „Das Geniale an dem Code ist aber, dass einige Zeichen wirklich völlig anders aussehen. Guck dir zum Beispiel mal das Zeichen für das M an. Es sieht aus wie ein flaches X mit einem Strich, der mitten hindurchgezogen ist. Oder der Codebuchstabe für das N. Er sieht aus wie ein O mit einem verrutschen P-Strich."

„Darf ich mir den Code mal abschreiben?", fragte Hugo. Volmar nickte, schob ein paar Pergamente zur Seite, reichte dem jungen Ritter eine Feder und schob ein Tintenhorn in eines der Löcher, die im Tisch für diesen Zweck eingefügt worden waren.
Hildegard und Volmar gingen unterdessen zu den Schreibpulten ans Fenster. „Wollen wir noch ein wenig an deinem neuen Buch arbeiten?"
„Ja", nickte die Äbtissin. „Wir können wegen dieser Angelegenheit schließlich nicht unsere gesamte Arbeit liegen lassen."

In der Schreibstube, in der kurz zuvor noch ein so langes und lebhaftes Gespräch geführt worden war, kehrte nun konzentrierte Ruhe ein. Hugo saß tief über sein Pergament gebeugt da und war bereits dazu übergegangen, kurze Sätze mit den neuen Zeichen aufzuschreiben. Hildegard hatte sich ihren Stuhl ans Fenster gerückt und hielt eine Wachstafel auf den Knien, in die sie mit einem spitzen Griffel Notizen hineinritzte. Volmar hatte unterdessen ein Pergament auf seinem Pult ausgebreitet, auf dem er mit einem spitzen Stift und einem Lineal Linien gezogen hatte. Er öffnete nun das Tintenhorn, nahm die Feder in die Hand und sah Hildegard erwartungsvoll an.

„Wir beschreiben heute die Herzenshärte und die Barmherzigkeit", begann die alte Nonne und sie diktierte: „Die Herzenshärte spricht: ‚Ich habe nichts hervorgebracht und auch niemanden ins Dasein gesetzt. Warum sollte ich mich um etwas bemühen oder kümmern?' Die Barmherzigkeit antwortet: ‚Den Verletzten helfe ich, damit sie gesund werden. Ich bin eine Salbe für jeden Schmerz.'"

„Wie kommt es nur, dass jemand so denkt?", fragte Volmar kopfschüttelnd.
„So denken nur Menschen, die wenig lieb gehabt wurden und die nun Angst haben, enttäuscht zu werden, wenn sie darauf hoffen, doch noch ein wenig geliebt zu werden. Deshalb machen sie ihr Herz hart wie einen Kiesel und tun so, als würden sie sich für niemanden interessieren. Erinnerst du dich an den Brief, den ich Eleonore von Aquitanien geschrieben habe? Ihr ging es eine Zeit lang genauso. Sie war furchtbar enttäuscht, als König Heinrich, ihr Mann, Rosamond kennenlernte und sie zu seiner ständigen Geliebten machte. Eleonore versuchte nun,

sich mit allen möglichen Vergnügungen abzulenken. Sie feierte eine Party nach der anderen, aber damit konnte sie die Leere in ihrem Herzen natürlich nicht füllen. Da verhärtete sie es und hoffte so, dass alles, was Heinrich ihr angetan hatte, nun weniger wehtun würde. Aber das hat natürlich nicht funktioniert. Jeder Mensch braucht Liebe und es ist ganz verrückt zu glauben, dass man ohne Liebe ein gutes Leben führen könnte."

Hildegard, Volmar und Hugo waren nach einer Weile so versunken in ihre Arbeit, dass sie zusammenzuckten, als die Glocke am Kirchturm plötzlich zu läuten begann.

„Meine Güte", sagte Hildegard, „jetzt ist die Zeit aber wie im Flug vergangen. Hugo, möchtest du mit uns die Vesper beten?"
Hugo nickte, streckte sich und legte die Feder an die Seite. Gemeinsam gingen die Drei zur Klosterkirche hinüber, wo die Nonnen nun aus dem Garten, der Küche, dem Hospital, dem Scriptorium, den Ställen oder dem Gästehaus zusammenströmten. Auch einige von den Besuchern hatten sich ihnen angeschlossen. Hugo staunte, als er die Kirche von innen sah. Die Plätze der Nonnen waren hier nicht wie in anderen Klosterkirchen, die er besucht hatte, unsichtbar in einem Seitenschiff, sondern direkt vorne vor dem Altarraum. Hugo gefiel das. So bildeten die Nonnen und die anderen Besucher eine Gemeinschaft. Nachdem Ruhe eingekehrt war, begann Schwester Hedwig, die Kantorin des Klosters, zu singen: „Deus, in adiutorium meum intende." Das heißt: „Gott, komm mir zur Hilfe", und alle antworteten darauf „Herr, eile, mir zu helfen."

Hugo war weiter hinten im Kirchenschiff geblieben, während die Nonnen sich vorne versammelt hatten. Er genoss den herrlichen Gesang. Er war genauso schön, wie seine Mutter Margarete es ihm erzählt hatte. Jetzt, wo er ein paar Stunden mit Hildegard verbracht und erlebt hatte, wie viel sie zu tun hatte, wunderte er sich, dass sie auch noch Zeit fand, sich neue Gesänge für den Gottesdienst auszudenken. Der, den die Nonnen gerade sangen, während Volmar ein Weihrauchfass schwenkte, musste auch von ihr sein. Die Melodien waren wunderbar verschlungen, voller Energie und schienen sich bis ganz nach oben in den Himmel hinaufzuschwingen.

Ezras Besuch

Nach der Vesper ging Hugo ins Gästehaus hinüber, wo Schwester Odilia ihm zeigte, wo er schlafen würde, und aß gemeinsam mit den Gästen zu Abend. Das Brot, das Schwester Gisela offenbar frisch gebacken hatte, schmeckte wunderbar kräftig und zugleich mild. Es musste aus Dinkelmehl bestehen, das Hildegard so sehr schätzte. Dazu gab es verdünnten Wein und eine Gemüsesuppe. Hugo war froh, dass es nach dem Abendessen nichts mehr für ihn zu tun gab. Seine Knochen fühlten sich von dem langen Ritt schwer wie Blei an. Deshalb sah er nur noch kurz nach seinem Pferd, für das die Knechte aber bestens gesorgt hatten, und ging danach früh ins Bett.

Die Ruhe, die im Kloster herrschte, war wirklich etwas anderes als das Leben in Friedrichs Heerlager, wo es auch nachts nie wirklich still gewesen war. Hugo schlief so tief, dass er die Glocke, die zu den Gebeten rief, glatt überhörte und am anderen Morgen erst erwachte, als sein Magen hörbar zu knurren begann.

Zum Glück hatte Schwester Gisela eine Schüssel Dinkelbrei für ihn warmgehalten, den Hugo dankbar löffelte. Als er seine Schüssel halb leer gegessen hatte, kam ein freundlich aussehender Junge in die Küche, der ungefähr 12 oder 13 Jahre alt sein musste. Gisela grinste, als sie ihn sah, und nahm sofort noch eine Schüssel aus dem Regal, die sie bis an den Rand füllte und vor dem erwartungsvoll lächelnden Jungen auf den Tisch stellte. „Stopp", rief sie, als er seinen Löffel aus der Tasche zog und ihn in den Brei tauchen wollte, „da fehlt noch was. Hildegard hat herausgefunden, dass der Brei noch bekömmlicher wird, wenn man außer Zimt und Muskat auch eine kleine Prise Galgant darüberstreut."

Genau das tat sie nun und wies den Jungen an, gut umzurühren, bevor er den Brei aß. „Das", sie zeigte auf den Jungen, „ist Aaron, das ist Hugo. Ihr werdet ja nun wohl eine Weile miteinander unterwegs sein, da kann es nicht schaden, wenn ihr euch schon mal kennenlernt." Schwester Gisela wusste schon Bescheid über die Reise, die in ein paar Tagen losgehen würde. Äbtissin Hildegard hatte gestern Abend, als alle nach dem Abendessen gemütlich zusammensaßen, ihren Schwestern erzählt, dass sie, Hiltrud, Volmar, Hugo und Aaron auf Predigtreise gehen würden. Die Schwestern hatten gelacht, als Hiltrud erwähnte, dass sie auch vorhätten, bei Tenxwind von Andernach reinzuschauen.

Von den verlorenen Drei Königen hatte die Äbtissin nichts erwähnt. Und auch bei der Erklärung, warum Hugo und Aaron dabei sein sollten, hatte die alte Nonne das eine oder andere Detail ausgelassen. Hugo sollte sie schützen und Aaron war mit dabei, weil sein Vater Ezra, den im Kloster ja alle kannten, ihn nach Köln schicken wollte, um dort etwas für ihn zu erledigen, und er den Schutz der kleinen Reisegruppe gut gebrauchen konnte. Das sahen alle ein und mehr mussten sie auch nicht wissen.

Zwar misstraute die Äbtissin ihren Schwestern nicht, aber sie wusste wohl, dass die eine oder andere ihre Zunge nicht würde im Zaum halten können, wenn sie ihnen eine so spannende Geschichte wie die von den geklauten Reliquien der Heiligen Drei Könige erzählte. Unter dem Siegel der Verschwiegenheit würde sich das Geheimnis wie der Wind erst in Bingen und von dort aus den Rhein entlang im ganzen Reich verbreiten. Schließlich würden die Gäste, denen die Nonnen die Nachricht so bereitwillig erzählen würden, keinen Grund sehen, warum sie nicht auch anderen davon berichten sollten. Dann wäre der Kaiser blamiert, der sich auf ihre, Hildegards Hilfe verlassen hatte. Deshalb machte die Äbtissin, was man in so einer Situation am besten tut, sie hielt ihren Mund und sorgte auf diese Weise zuverlässig dafür, dass das Geheimnis gewahrt blieb.

Hildegard saß zu dieser Zeit bereits mit Ezra in ihrer Schreibstube. Der Tuchhändler war sehr zufrieden, denn Hiltrud hatte ihm einige Ballen Stoff abgekauft, darunter auch etwas von dem teuren Tuch, das er aus Italien mitgebracht hatte, neue weiße Seide, weil auch die Novizinnen an den Festtagen schöne Gewänder erhalten sollten, und natürlich den praktischen, fest gewebten

Stoff für die Alltagsgewänder der Nonnen.

Nun war er gespannt, was Hildegard von ihm wollte. Die alte Nonne bot ihrem Freund erst einmal etwas zu trinken an. Beide schwiegen eine Weile, dann sagte Hildegard: „Ezra, ich brauche deine Hilfe."

„Was kann ich für dich tun?", erwiderte er freundlich.

„Die Geschichte ist ein wenig verzwickt", begann Hildegard, „darum erzähle ich sie dir am besten von Anfang an. Du hast sicher mitbekommen, dass Friedrich Barbarossa seinen Konflikt mit dem Papst auf eine etwas ungewöhnliche Art und Weise gelöst hat."

„Ja. Er hat sich einen ausgesucht, der machen soll, was er will", grinste Ezra.

„Genau", bestätigte Hildegard. „Und weil das nicht gerade die feinste Art ist, will er nun allen zeigen, dass er ein frommer König ist. Wie könnte er das besser, als dadurch, dass er sich an das Beispiel anderer frommer Könige hält?"

„Klingt logisch", bestätigte Ezra. „Da sind Friedrich die Heiligen Drei Könige eingefallen. Ihre Reliquien wurden in einer Kirche vor den Toren Mailands aufbewahrt."

„Aber dort hat Friedrich doch Krieg geführt", wandte Ezra nun ein.

„Ja", bestätigte Hildegard, „deshalb haben die Mailänder sie auch hinter den Stadtmauern im Turm der St.-Georgs-Kirche in Sicherheit gebracht. Das nützte ihnen allerdings nichts mehr, nachdem Friedrich die Stadt erobert hatte. Er meinte wohl, dass die Reliquien ein Teil der Beute sind, die ihm rechtmäßig zusteht, und hat einige seiner Ritter dorthin geschickt, um sie herauszuholen."

„Was hatte er denn damit vor?", fragte Ezra, der praktisch veranlagt war und immer an die Zukunft dachte.

„Er wollte sie Rainald von Dassel für seinen Dom in Köln schenken."

„Kluger Gedanke", murmelte Ezra anerkennend, „sehr kluger Gedanke."

„Leider hat die Sache inzwischen einen ganz gewaltigen Haken, wenn man mal davon absieht, dass es vielleicht nicht gerade die feine Art ist, Reliquien zu stehlen."

„Und der wäre?", fragte Ezra.

„Die Reliquien sind ein zweites Mal geklaut worden", sagte Hildegard.

„Allmächtiger Gott", rief Ezra amüsiert. „Das ist ja peinlich."

„Genau", bestätigte Hildegard. „Friedrich tut nun natürlich alles dafür, dass die Sache nicht rauskommt und die Könige wiedergefunden werden. Dabei ist er auch auf die glorreiche Idee gekommen, mich um Hilfe zu bitten."

„Ist er verrückt geworden?", fragte Ezra entgeistert. „Du bist doch kein Orakel."

„Das habe ich zuerst auch gesagt", bestätigte Hildegard, „aber Barbarossa denkt hier nicht an die Visionen, die Gott mich im lebendigen Licht sehen lässt."

„Sondern?", fragte Ezra, der nun ziemlich verwirrt aussah.

„Er hat Hugo von Burgeck, einem jungen Ritter, den er als Boten zu mir geschickt hat, einen Satz als Botschaft mitgegeben, der der Schlüssel zu dieser ganzen Geschichte zu sein scheint. Er lautet: ‚In Coloniam homines pures habitant'."

„In Köln wohnen reine Menschen", wiederholte Ezra.

Freunde haben ist was Tolles

Falls du dich jetzt wunderst, warum Ezra außer Deutsch und Hebräisch auch noch Latein kann, kann ich dir sagen, dass die Händler im Mittelalter wirklich gut in Sprachen waren. Das mussten sie auch sein, denn auf ihren weiten Reisen kamen sie ja durch ganz viele verschiedene Länder, und wenn sie ihre Waren an den Mann und die Frau bringen wollten, ging das nun mal am besten, wenn sie sich mit denen auch verständigen konnten.

Ezra beherrschte deshalb verschiedene deutsche Dialekte, wie sie im Norden, in der Mitte und im Süden des Landes gesprochen wurden. Dann konnte er noch Hebräisch, weil in der jüdischen Gemeinde viele Gebete in dieser Sprache gebetet wurden und die Juden in den verschiedenen Ländern sich auf Hebräisch verständigten. Dazu muss ich dir noch etwas erzählen, das für unsere Geschichte auch wichtig ist. Die Juden hatten im Mittelalter nämlich ein ganz tolles System. Zum einen war das ihre gemeinsame Sprache. Sie machte es möglich, dass Juden auf der ganzen Welt miteinander sprechen und sich Briefe schreiben konnten, ganz egal, welche Sprache sie sonst verwendeten.
Das andere Tolle war ihre Gastfreundschaft. Wenn ein Jude aus Bingen zum Beispiel in Italien unterwegs war und, sagen wir mal in Florenz, Station machte, weil er dort etwas erledigen wollte, konnte er bei den Juden, die dort lebten, umsonst übernachten und bekam etwas zu essen. Das war enorm praktisch. Einmal, weil es natürlich nichts kostete, und dann, weil seine Gastgeber ihn sofort mit allen wichtigen Informationen versorgten. Sie erzählten ihm, welcher Händler seine Geschäftspartner gerne mal übers Ohr haute, welche Straßen sicher waren und wo Räuber darauf lauerten, fremde Reisende zu überfallen und ob vielleicht gerade irgendwo ein entlaufener Mönch die Christen gegen die Juden aufhetzte.
Weil dieses System so super funktionierte, waren die Juden, wenn du so willst, auf der ganzen Welt zu Hause, denn sie konnten sicher sein, dass es fast überall Glaubensbrüder gab, die sie gastfreundlich aufnahmen. Die Nachrichtenbörse, die so im Laufe der Jahre entstanden war, funktionierte wirklich gut, fast so wie das Internet.

Jetzt siehst du sicher ein, warum Hildegard überzeugt davon war, dass Ezra ihr bei der Suche nach den verlorenen Königen helfen könnte, denn auf seinen Reisen hörte er immer die neuesten Gerüchte. Im Laufe der Zeit hatte Ezra gelernt, sich so viel wie möglich von all dem zu merken, weil man nie wusste, welcher Informationsschnipsel sich mal als nützlich erweisen würde. Nun dachte er über den Satz nach, den Hildegard ihm gesagt hatte. Dass „reine Menschen" nichts anderes als Katharer hieß, diese seltsame christliche Sekte, die sich in den letzten Jahren überall ausbreitete wie die neueste Tuch-Mode, war ihm sofort klar gewesen. Er war ja nicht blöd! Deshalb grub er nun in seinem Gedächtnis nach allem, was er auf seinen Reisen kürzlich über diese Gruppe gehört hatte. Nachdenklich strich er sich über seinen Bart. Hildegard saß ganz still da, um ihn nicht zu stören. Sie war sich nämlich sicher, dass ihrem Freund etwas Nützliches einfallen würde. Wer, wenn nicht Ezra, konnte ihr dabei helfen, diese verzwickte Aufgabe zu lösen?

Wie Pech und Schwefel

Hugo und Aaron hatten inzwischen ihre Schüsseln bis auf das letzte Dinkelkorn geleert – ebenso wie ihre Becher. Obwohl Hugo einige Jahre älter war als Aaron, verstanden die beiden sich auf Anhieb gut.

Aaron kam Hugo wie der kleine Bruder vor, den er sich immer gewünscht hatte. Nicht, dass er etwas gegen seine Schwester Mechthild gehabt hätte, er liebte sie von Herzen, aber leider konnte er mit ihr nicht den Schwertkampf üben oder sie auf ein Turnier begleiten. Dafür interessierte sie sich auch überhaupt nicht. Stattdessen las Mechthild für ihr Leben gern und ihre Mutter hatte dafür gesorgt, dass sie ebenso wie Hugo Latein lernte, damit ihr die Bücher nicht ausgingen.

Aaron hingegen bewunderte Hugo rückhaltlos, was der junge Ritter sehr genoss. Er strahlte über das ganze Gesicht, als Hugo ihm sein Schwert zeigte und ihm anbot, es selbst einmal zu halten. Allerdings sah er sich erst einmal vorsichtig um, ob sein Vater oder sonst jemand in der Nähe war, denn als Jude durfte Aaron ja keine Waffe tragen.

Das ist jetzt wieder so etwas, das ich dir besser mal erkläre. Im Mittelalter gab es Regeln, die den einen erlaubten, eine Waffe zu tragen, den anderen aber nicht. Diejenigen, die es durften, waren zum Beispiel die Ritter oder die einfachen Soldaten des Königs. Alle Frauen, also auch die Nonnen, sowie Mönche und Juden durften es aber nicht. Falls du das jetzt doof findest, muss ich dir sagen, dass diese Regel auch echte Vorteile hatte. Dem König war nämlich schon klar, dass jemand, der keine Waffen tragen darf, sich auch nicht wehren kann. Deshalb stellte er die Mädchen, Frauen, Mönche und Juden unter seinen besonderen Schutz. Sie standen unter dem Königsfrieden. Das heißt: Wer ihnen etwas Schlimmes antat, bekam es mit dem König selbst zu tun und erhielt eine schwere Strafe.

Für die Menschen im Mittelalter war es ganz normal, wenn einige Waffen tragen durften, andere aber nicht. Das kam, weil jeder seine festgelegte Aufgabe hatte.

Die Ritter waren dazu da, die Menschen zu beschützen und zu verteidigen. Die Bauern waren dafür zuständig, Getreide anzubauen, Vieh zu halten und Obst zu ernten. Und die Mönche und Nonnen beteten für alle. So funktionierte das und die meisten waren damit einverstanden. Der eine oder andere hätte allerdings sehr gerne mal einen Zeh über die Grenzen gesetzt, die ihm durch diese Regeln auferlegt wurden. So wie Aaron. Dem machte es zwar echt Spaß, von seinem Vater alles zu lernen, was ein guter Kaufmann wissen muss, aber heimlich träumte er manchmal auch davon, ein Ritter zu sein. Ein Leben, so wie Hugo es führte, kam ihm sehr aufregend vor und deshalb war er begeistert, einmal das Schwert eines echten Ritters ausprobieren zu dürfen.

Damit niemand bemerkte, was sie gerade trieben, hatten sich die beiden neuen Freunde hinter den Stall zurückgezogen. Hier zeigte Hugo Aaron, wie er das Schwert halten sollte. „Welches ist deine Schreibhand?", fragte er ihn zunächst. Man muss das Schwert nämlich mit seiner starken Hand führen, sonst haut man daneben und das wäre ja blöd.

„Ich schreibe mit links", antwortete Aaron.

„Gut", sagte Hugo, „dann hältst du das Schwert auch mit dieser Hand."

Aaron war überrascht, wie schwer so eine Waffe war. Das hatte er gar nicht gedacht. Man brauchte sehr viel Kraft, um sie zu heben. Wie schwer würde es da erst sein, das Schwert behende zu schwingen, so wie er es auf seinen Reisen das eine oder andere Mal gesehen hatte? Trotzdem wäre Aaron niemals auf die Idee gekommen aufzugeben, und das brauchte er auch nicht, denn Hugo war wirklich ein guter Lehrer.

Er zeigte ihm, wie man am besten steht, wenn man ein Schwert hält, und erklärte ihm: „Das Wichtigste ist, mit beiden Beinen fest auf dem Boden zu stehen und immer das Gleichgewicht zu bewahren. Egal, in welcher Hand du das Schwert führst, stell dir immer vor, dass es in der Mitte schwingt. Dann fällst du nicht um, denn das wäre ja peinlich."

In diesem Augenblick hörten die beiden Schritte. Ganz offensichtlich war jemand unterwegs zu ihnen. Deshalb gab Aaron Hugo sein Schwert ganz schnell zurück. Der ließ es in seiner Scheide verschwinden und die beiden schlenderten zurück in Richtung des Klosterhofes, von dem alle Gebäude abgingen. Als sie auf Schwester Hiltrud trafen, sahen sie aus, als ob sie kein Wässerchen trüben könnten.

Hiltrud grinste verstohlen. Was Hugo und Aaron nicht wussten: Hiltrud war eine erstklassige Spionin. Schon als Mädchen war sie sehr neugierig gewesen. Und wie sollte man schließlich etwas darüber erfahren, was in der Welt vor sich ging, wenn man nicht bei der passenden Gelegenheit zuhörte? Deshalb hatte sie gelernt, sich ganz leise zu bewegen und still in einer Ecke zu stehen, wenn Abt Kuno damals auf dem Disibodenberg mit wichtigen Besuchern durch den Garten schritt. So hörte sie auch davon, dass Kuno Hildegards Buch dem Bischof von Mainz zeigen wollte.

Natürlich hatte sie Hildegard davon erzählt und sie hatte alles rechtzeitig für die Prüfung vorbereiten können. Sonst wäre ihre Visionsgabe vielleicht gar nicht anerkannt worden.

Heute war das Spionieren für Hiltrud auch nützlich gewesen. Sie hatte zuerst in der Küche nach Hugo und Aaron gesucht. „Ich glaube, die beiden haben sich gemeinsam verdrückt. Wenn du mich fragst, findest du sie sicher hinter den Ställen", hatte die Cellerarin augenzwinkernd angedeutet.

Hiltrud war auf leisen Sohlen um die Ecke gebogen und hatte eine Weile zugesehen, wie Aaron sich darin übte, mit dem Schwert umzugehen. „Das klappt ja ganz wunderbar mit den beiden", hatte sie gemurmelt, war wieder zurückgeschritten und dann mit vernehmbaren Schritten wieder zurückgekehrt.

Aaron wird Spion

„Hallo, ihr beiden", grüßte Hiltrud unbefangen und die Jungs lächelten freundlich zurück. „Da seid ihr ja. Aaron, dein Vater bittet dich, in die Schreibstube der Äbtissin zu kommen und für dich", sie wandte sich an Hugo, „habe ich auch eine Aufgabe."

Aaron flitzte sofort los, während Hiltrud Hugo in den Stall führte. „Welche Pferde würdest du für unsere Reise auswählen?", fragte sie den jungen Ritter.

Hugo sah sich um. Mit Pferden kannte er sich gut aus. Sein Vater züchtete welche im Wirtschaftshof, der seiner Heimatburg vorgelagert war. Deshalb ließ Hugo sich nicht von Äußerlichkeiten wie einem schönen Wuchs oder einem glänzenden Fell beeindrucken. Die Pferde der Abtei waren gut gepflegt, das sah er sofort. Der Stallknecht musste ein Händchen für die Tiere haben. Er sah sich alle Tiere an, streichelte das eine oder andere und zeigte schließlich auf einen stämmigen Rappen, zwei schlanke braune Stuten und zwei kräftige Maultiere.

„Warum hast du zwei Maultiere ausgesucht?", fragte Hiltrud.

„Eins könnte das Gepäck tragen, das andere wäre für Aaron. Wenn er als Knecht mitreitet, wäre das genau passend, denn so kämen wir schneller voran, als wenn er laufen müsste."

„Gut", lobte Hiltrud seine Auswahl. „Du verstehst wirklich etwas von Pferden."

Für die Reise war das sehr wichtig, denn Volmar, der sonst ziemlich viel wusste, hatte von Pferden absolut keine Ahnung. Deshalb war es wichtig, dass Hugo und Aaron sich auf der Reise um die Pferde würden kümmern können.

Inzwischen war Aaron in der Schreibstube der Äbtissin angekommen. Sein Vater winkte ihn auf den Hocker, den er neben seinen gezogen hatte, und sagte: „Aaron, ich habe einen besonderen Auftrag für dich. Du sollst mit meiner Freundin, der Äbtissin Hildegard, auf Predigtreise gehen."

Aaron sah ziemlich erstaunt aus, als sein Vater ihm das sagte, und das ist ja auch kein Wunder. „Du wirst als Knecht mit Volmar, Hiltrud, Hildegard und Hugo unterwegs sein. Für diese Reise musst du ein paar neue Dinge wissen, die Hildegard dir jetzt beibringen wird. Ich gehe so lange rüber zu Schwester Martha ins Linearium und zeige ihr die neuen Stoffe."

„Also, Aaron", begann Hildegard ihre Erklärung, „die Sache ist die. Du weißt bestimmt schon, dass ich gelegentlich auf Predigtreise gehe.

„Ja", nickte Aaron, davon hatte Ezra ihm erzählt.

„Ich überlege mir vorher eine Reiseroute und mache dann in verschiedenen Klöstern und Kirchen halt, wo ich predigen will. Diesmal soll unsere Reise nach Köln gehen, wobei wir über Boppard und Andernach reisen werden. Unsere Reise hat aber noch ein zweites Ziel. Wir wollen unbedingt etwas Verlorengegangenes wiederfinden."

Und Hildegard erzählte Aaron alles darüber, wie Hugo und seine Freunde die Reliquien der Heiligen Drei Könige gestohlen hatten und wie sie kurz darauf verschwunden waren.

„Das ist ja irre", staunte Aaron, als Hildegard geendet hatte. „Aber wer hat die Könige geklaut und vor allem warum?"

„Dazu hat dein Vater eine ziemlich gute Idee, und wenn sie stimmt, dann wird es uns vielleicht gelingen, den Dieben die Reliquien wieder wegzuschnappen. Aber dafür brauchen wir deine Hilfe." Aaron sah nun mächtig stolz aus. Dann fragte er: „Was soll ich denn tun?"

Hildegard lächelte: „Im Grunde dasselbe, was du auch tust, wenn du mit deinem Vater unterwegs bist. Du hältst Augen und

Ohren offen und machst dich unsichtbar, wenn Leute etwas besprechen, das für uns wichtig sein könnte. Wenn wir unterwegs sind, werden wir in Klöstern übernachten. Du wirst dich dann zu den anderen Knechten gesellen, mit ihnen ins Gespräch kommen und wie immer in der Küche vorbeischauen, wo man ja außer einer guten Mahlzeit auch die wichtigsten Informationen bekommt. Schweinefleisch brauchst du deshalb nicht zu essen", versicherte Hildegard ihm. „Und wenn dich einer fragt, warum du das nicht isst, sagst du einfach, du hättest ein Gelübde abgelegt, darauf zu verzichten, damit deine Mutter wieder gesund wird."

„Ich soll also so tun, als sei ich ein Christ?", fragte Aaron.

„Ja", bestätigte Hildegard. „Ich habe deinen Vater gefragt, ob er es erlaubt, und er ist damit einverstanden. Damit du deine Rolle überzeugend spielen kannst, werde ich dir jetzt mal erklären, wie unser wichtigster Gottesdienst, die Messe, abläuft."

Aaron lernt die Messe kennen

„Die Messe besteht aus zwei großen Teilen, dem Wortgottesdienst und der Eucharistiefeier."
„Eucha was?", fragte Aaron.
„Eucharistiefeier", lächelte Hildegard. „Da steckt ein griechisches Wort drin, darum kling es etwas kompliziert. Auf Deutsch heißt es einfach ‚danke sagen'."
„Gut, das kann ich mir merken", sagte Aaron.

D„Der Wortgottesdienst ist ganz ähnlich wie der, den ihr am Sabbat in der Synagoge feiert. Es kommen Lesungen und Gesänge darin vor. Im Grunde funktioniert es immer so, dass Gott etwas zu uns sagt, das ist die Lesung, und wir antworten darauf, das ist der Antwortgesang. Manche sagen zum Antwortgesang auch Zwischengesang, aber das ist total verkehrt, weil eine Antwort ja etwas ganz anderes ist als eine Pausenmusik. Aber jetzt sind wir schon mittendrin in der Messe und ich wollte sie dir ja von Anfang an erklären.

Zu Beginn zieht der Priester mit den Ministranten feierlich in die Kirche ein. Sie tragen ein Kreuz mit sich. Es zeigt, dass wir in allem, was wir tun, Jesus nachfolgen wollen. Außerdem haben sie bei feierlichen Gottesdiensten Kerzen dabei, weil das Wort Gottes unser Leben hell macht. Das kennst du ja auch, wenn deine Mutter Sarah am Sabbat die Kerzen anzündet oder ihr euer Lichterfest Chanukka feiert. Ganz wichtig ist auch das Evangelienbuch, das ebenfalls hereingetragen wird. Während dieses Einzuges singen alle ein Lied, das dann endet, wenn der Priester und die Ministranten vorne im Altarraum angekommen sind.

Nun begrüßt der Priester die Gemeinde mit den Worten ‚Der Herr sei mit euch' und alle antworten ‚Und mit deinem Geiste'. Die nächste wichtige Station in der Messe ist ein Gesang, der ‚Kyrie eleison' heißt, das bedeutet ‚Herr erbarme dich'. Damit begrüßen wir Jesus und bitten ihn zugleich, dass er uns vergibt, wenn wir etwas verkehrt gemacht haben. So etwas kommt ja immer wieder vor, deshalb beten wir alle das Schuldbekenntnis, bevor wir ‚Herr erbarme dich' singen.

Wenn Gott dann alle Schuld von uns genommen hat, freuen wir uns sehr, wir fühlen uns ganz frei und leicht und singen ‚Gloria‘, also ‚Ehre sei Gott in der Höhe‘."

„Ist das dieses Lied, das die Engel gesungen haben, als Jesus geboren worden ist?", fragte Aaron. „Davon hat mir meine Mama mal erzählt."
„Ja, genau", bestätigte Hildegard. „Danach kommt eine Lesung aus dem Alten Testament, den Büchern Mose oder den Propheten. Diese Lesungen wirst du schon kennen, denn die Bücher von Mose stehen in eurer Thora und aus den Propheten hast du vorgelesen, als du nach deinem 13. Geburtstag als vollwertiges Mitglied in die Gemeinde aufgenommen worden bist."

„Oh ja", erinnerte sich Aaron. Für meine Haftara habe ich lange geübt, damit ich beim Vorlesen auch bestimmt keinen Fehler mache."
„Nach der ersten Lesung singen wir einen Psalm. Dabei kannst du gut mitmachen, die Psalmen sind dir sicher alle vertraut."
Aaron nickte.

„Dann folgt eine Lesung aus den Briefen unserer Apostel oder der Apostelgeschichte. Anschließend begrüßen wir mit dem Halleluja Jesus, der im Evangelium zu uns sprechen wird."
„Das Halleluja kann ich auch mitsingen", meinte Aaron, der ein begeisterter Sänger war.
„Auf jeden Fall", bestätigte Hildegard. „Halleluja heißt ja auf Deutsch ‚Gelobt sei Gott‘. Da gibt es keine Unterschiede zwischen Juden und Christen."

„Und Muslimen", ergänzte Aaron, der mit seinem Vater schon weit herumgekommen und auch in Gegenden unterwegs gewesen war, wo viele Muslime wohnten.

„Singen die auch Halleluja?", fragte Hildegard interessiert.

„Nein, bei ihnen heißt das Alhamdulillah", sagte Aaron, „es bedeutet aber dasselbe."

„Nach dem Evangelium kann es sein, dass der Priester eine Predigt hält", fuhr Hildegard fort.

„Nicht du?", fragte Aaron leicht enttäuscht.

„Nein, ich werde nicht in der Messe predigen", meinte Hildegard. „Wenn die Predigt zu Ende ist, kommt das Glaubensbekenntnis. Danach beginnt der zweite Teil der Messe, die Eucharistiefeier. Dafür werden die Gaben, also Brot und Wein, zum Altar gebracht. Währenddessen singen wir ein Lied. Der Wechselgesang, der dann gesungen wird, kommt dir bestimmt bekannt vor, so etwas habt ihr in der Synagoge auch. Er mündet in das ‚Sanctus' ein, das ‚Heilig'."

„Ist das der Gesang, den der Prophet Jesaja in einer Vision gesehen und gehört hat?", fragte Aaron, der sich erinnerte, dass sein Vater Ezra ihm diese Stelle einmal vorgelesen hatte.

„Genau der", bekräftigte Hildegard zufrieden. „Danach kommt ein ziemlich langes Gebet und dann die Wandlung von Brot und Wein in den Leib und das Blut Christi."

Jetzt denkst du bestimmt, dass Hildegard Aaron nun erklärt, dass danach alle zur Kommunion gingen, so wie das bei uns heute gemacht wird. Das war aber damals anders. Im Mittelalter gingen die Menschen nur ganz selten zur Kommunion. In Hildegards Kloster zum Beispiel taten die Nonnen das einmal im Monat. Die normalen Gläubigen gingen sogar nur einmal im Jahr. Für Aaron war das aber sehr gut, denn er hätte dabei ja schlecht mitmachen können.

„Danach", fuhr Hildegard fort, „spendet der Priester den Segen und dann ist die Messe zu Ende."

„Gut", sagte Aaron, das kann ich mir merken. „Und wann reisen wir ab?"

„In fünf Tagen", antwortete Hildegard. „Bis dahin habe ich noch ein paar Sachen zu erledigen. Ich muss ein paar Briefe schreiben und darüber nachdenken, wie wir am besten auf die Spur der Heiligen Drei Könige kommen."

Es gibt viel zu tun

In den nächsten Tagen waren alle vollauf damit beschäftigt, die Reise vorzubereiten. Hildegard schickte Boten an die Klöster, in denen sie predigen wollte, um den Besuch ihrer Reisegruppe anzukündigen.

Die meisten würden sich riesig freuen, Besuch von der berühmten Äbtissin zu bekommen, sie würden schon mal die Federn spitzen, weil viele Hildegards Predigten inzwischen mitschrieben, um sie später noch mal durchlesen zu können. Nur Tenxwind wäre nicht entzückt. Bei ihr würde bestimmt der Blutdruck mächtig steigen, wenn sie Hildegards Brief erhielt. Aber das machte nichts. Die Kirche war groß, fand Hildegard, und da musste es doch wohl Platz für zwei verschiedene Meinungen wie die von Tenxwind und ihr geben. Hildegard konnte es nämlich absolut nicht ausstehen, wenn jemand seine Meinung für die einzig richtige hielt. Zumindest, wenn es um so nebensächliche Dinge ging wie die Frage, welche Kleider man im Gottesdienst anzog.

Hugo übte jeden Tag die Geheimschrift. Aaron half ihm dabei. Dass die beiden danach immer noch für eine halbe Stunde hinter dem Stall verschwanden und Hugo mit Aaron den Schwertkampf übte, wusste nur Hiltrud und sie verriet es nicht einmal Hildegard. Die hatte allerdings auch so schon genug zu bedenken.

Sie hatte nämlich inzwischen versucht, so viel wie möglich über die Katharer herauszufinden, die, wie Kaiser Friedrich glaubte, die Reliquien gestohlen hatten. Sie wusste, dass diese seltsame Sekte, die so verrückte Dinge glaubte, wie dass die Seele auch bei Frauen männlich ist und dass es schlecht ist, Kinder zu bekommen, vor ungefähr 20 Jahren in Köln das erste Mal öffentlich aufgetreten war und sich inzwischen auch in Frankreich und Italien verbreitet hatte.

Ezra war überzeugt davon, dass der Diebstahl der Reliquien, die für die Katharer überhaupt keinen Wert hatten, weil sie sowieso glaubten, dass unsere ganze schöne Schöpfung böse ist, irgendetwas mit Geld zu tun hatte.

„Glaub mir, ich weiß, was ich sage", hatte er gesagt, als er mit Hildegard in ihrer Schreibstube zusammengesessen und nachgedacht hatte. „Ich bin ein Händler. Geld ist vielen Menschen total wichtig. Und wenn einer sagt, er mache sich nichts aus Geld, dann sperre ich meine Ohren und Augen weit auf. Entweder ist das dann nämlich so jemand wie du, der wirklich erfahren hat, dass es Wichtigeres gibt, oder er lügt. Die Katharer", fuhr Ezra fort, „sind gerade dabei, ihre Kirche überall zu verbreiten. Sie haben nun Bischöfe, schicken Botschaften hin und her, verbreiten ihren Glauben – all das kostet Geld. Und es gibt auch bei ihnen Menschen, die gute Stoffe und gutes Essen zu schätzen wissen."

„Hast du etwa schon Geschäfte mit ihnen gemacht?", fragte Hildegard entgeistert.

„Natürlich, ich bin Kaufmann", hatte Ezra erwidert. „Mir ist es egal, welchen Glauben einer hat, wenn er meine Stoffe kauft. Aber mir ist aufgefallen, dass in letzter Zeit auch eine Reihe von Menschen darunter waren, von denen man sagt, sie seien Katharer. Ich glaube deshalb, derjenige, der die Reliquien gestohlen hat, will Rainald in Schwierigkeiten bringen und wahrscheinlich will er Geld von ihm, Geld, das die Katharer brauchen, um die Macht ihrer Kirche zu festigen."

„Das heißt, die Reliquien werden wohl nach Köln gebracht oder?", hatte Hildegard gefragt.

„Das denke ich", hatte Ezra bestätigt. „Dort ist das Zentrum der Katharer und dort wohnt der Kanzler unseres Reiches. Ich werde in den nächsten Tagen mal ein paar Erkundigungen einziehen. Ich habe da nämlich so eine Idee."

Und dann hatte Ezra Hildegard von Wipo erzählt, einem ehemaligen Kaplan Rainalds, der nach einem Krach mit dem Bischof verschwunden war.

„Man erzählt sich", berichtete der Kaufmann seiner Freundin, „dass er wenig später bei den italienischen Katharern aufgetaucht sei."
„Du meinst, er ist selbst Katharer geworden", fragte Hildegard.
„Nach dem, was ich von Wipo gehört habe, geht es ihm weniger um den Glauben als vielmehr darum, möglichst schnell möglichst viel über andere bestimmen zu können. Bei Rainald hat das nicht funktioniert. Vielleicht probiert er es deshalb nun bei der neuen Sekte. Und er hat, zumindest nach dem, was ich gehört habe, wirklich einen Grund, sauer auf Rainald zu sein, denn der hat ihn achtkantig rausgeschmissen, weil er ihn mit den Fingern in der Kirchenkasse erwischt hat."
„Klingt logisch", hatte Hildegard gemeint, „ich frage mich nur, was dieser Bruder Laurentius mit all dem zu tun hat."

„Das", hatte Ezra nachdenklich erwidert, „frage ich mich auch."

Die Reise beginnt

Als die kleine Gruppe einige Tage später dann tatsächlich aufbrach, waren alle ziemlich aufgeregt. Die Nonnen von Kloster Rupertsberg hatten sich alle auf dem Klosterhof versammelt. Deshalb herrschte dort ein großes Gedränge. Hildegard hatte vor ihrer Abreise Schwester Gisela, die Cellerarin, zu ihrer Stellvertreterin ernannt. Das musste sie auch, denn Schwester Hiltrud, die sonst im Kloster nach dem Rechten sah, wenn Hildegard unterwegs war, reiste diesmal ja mit ihnen. Hildegard wusste aber, dass Schwester Gisela alles im Griff haben würde.

Die alte Nonne lächelte. Wenn eine von den Mägden nicht parierte, drohte Schwester Gisela immer mit ihrem Kochlöffel. Nicht, dass sie wirklich mal zugeschlagen hatte, das lag ihr fern, aber die Mägde wussten dann, dass sie ihr Schwätzchen nun wirklich beenden und dafür sorgen mussten, dass der Eintopf nicht anbrannte oder das Brot aus dem Ofen kam. Genauso würde Gisela auch auf alle anderen Angelegenheiten des Klosters achten. Es war gut, unbesorgt auf Reisen gehen zu können, denn unterwegs würde sie anderes zu bedenken haben.

Hildegard blickte in den Himmel. Sie hatten Glück, das Wetter war ausgezeichnet und es sah ganz danach aus, dass der Tag schön werden würde. Für die Reise nach Boppard, wo sie ihre erste Predigt halten wollte, hatten sie den ganzen ersten Reisetag eingeplant. So konnten sie sich und den Pferden unterwegs mal eine Pause gönnen und wären, da sie direkt nach der Terz aufbrechen würden, noch vor der Vesper am Ziel.

Das ist nun wieder etwas, das ich dir erklären muss. In der Zeit, in der Hildegard lebte, gab es zwar schon Uhren, aber lange nicht so viele wie heute bei uns, wo fast jeder eine Armbanduhr hat und auch in den einzelnen Zimmern überall Uhren stehen. Selbst der Laptop, in dem ich dir diese Geschichte aufschreibe, hat unten rechts eine kleine Uhr, sodass ich immer sehe, wie spät es ist. Deshalb weiß ich jetzt ganz genau, dass ich in einer halben Stunde mal eine Pause einlegen werde, weil ich dann nämlich das Mittagessen kochen muss.

Im Mittelalter teilten sich die Menschen die Tage anders ein. Im Kloster richteten sich alle nach den Zeiten, in denen gebetet wurde. Das war ziemlich oft, kann ich dir sagen. Nonnen sind im Gegensatz zu mir Frühaufsteherinnen, deshalb beginnt ihr Tag mit dem ersten Gebet morgens um halb sechs. Das nächste Gebet heißt Terz nach dem lateinischen Wort für drei und wird um 9:00 Uhr gebetet. Das kommt, weil die Römer die Stunden früher anders gezählt haben. Sie begannen damit morgens um sechs. Das war ihre erste Stunde. Dann zählten sie weiter, zwei, drei, vier fünf sechs, sodass ihre sechste Stunde mittags um 12 und ihre neunte Stunde nachmittags um drei war. Die Nonnen treffen sich also wieder mittags um 12 und nachmittags um drei in der Kirche. Abends um fünf beten sie die Vesper, und bevor sie schlafen gehen die Komplet und die Vigilien. Falls du jetzt meinst, dass das ja ganz schön oft ist, kann ich dir nur zustimmen. Die Nonnen machen das aber, weil es eine wichtige Sache ist und außerdem richtig guttut. Du kannst das auch probieren, indem du morgens gleich nach dem Aufstehen ein kleines Gebet sprichst und mittags vor dem Essen wieder eins und abends vor dem Schlafengehen ebenfalls. Du wirst sehen, wie hell dein Leben dadurch wird! Die Menschen im Mittelalter haben das auch so gemacht. Diejenigen, die in der Nähe der Klöster und Kirchen wohnten, konnten sich dabei nach den Glocken richten. Die läuteten nämlich morgens früh, mittags und abends. Hör mal genau hin, falls du in der Nähe einer Kirche wohnst, vielleicht ist es bei dir auch so. Dann kannst du dich auch von den Glocken ans Beten erinnern lassen.

Hildegard, Hiltrud, Volmar, Hugo und Aaron begannen nun mit dem Abstieg vom Rupertsberg. Sie wollten unten am Rhein entlangreisen. Der Weg war gut ausgebaut und die Reise am Fluss entlang sehr entspannend, weil man nicht auf den Weg achten brauchte. Hildegard ließ ihre Gedanken schweifen und überlegte, was sie den Menschen in Boppard in ihrer Predigt sagen würde. Sie freute sich schon darauf, die beiden großen neuen Kirchtürme anzusehen, die die Severus-Kirche seit kurzem schmückten.

Ein Besuch bei Augustinus

Gegen Mittag waren sie schon in St. Goar angekommen und Hildegard nutzte die Gelegenheit, bei den Chorherren der Stiftskirche einzukehren. Augustinus, der Bibliothekar, der mächtig stolz darauf war, den Namen seines Ordensgründers zu tragen, freute sich sehr über Hildegards Besuch und zeigte ihr gleich die Abschrift ihres Buches Scivias, die er für seine Brüder angefertigt hatte.

Nach einer Weile brachte Hildegard das Gespräch auf Wipo. Sie wusste nämlich, dass der Bruder von Augustinus ebenfalls Priester geworden war und seit einiger Zeit in Rainalds Kanzlei arbeitete.

„Wie geht es eigentlich deinem Bruder Hildebert?", fragte sie.
„Sehr gut", antwortete Pater Augustinus. „Ich habe ihn kürzlich noch in seiner Schreibstube am Kölner Dom besucht. Auch wenn Rainald zurzeit mal wieder in Italien ist, hat er jede Menge zu tun."
„Hatte Hildebert nicht einen Kollegen namens Wipo?", fragte Hildegard weiter.
„O ja", sagte Augustinus. Aber der ist kein Kaplan mehr. Rainald hat ihn beim Diebstahl erwischt und achtkantig rausgeworfen. Hildebert musste seine Entlassungsurkunde schreiben und seitdem hat er Wipo nicht mehr gesehen. Ganz im Gegensatz zu mir", fuhr Augustinus fort.
„Ach", sagte Hildegard, „das ist ja interessant, erzähl doch mal ..."

„Vor einiger Zeit kehrte Wipo hier in unser Kloster ein. Er tat sehr wichtig, das machte er gerne und erzählte jedem, der es hören wollte, dass er im Auftrag von Rainald nach Italien unterwegs sei, wo er etwas Wichtiges für den Erzbischof erledigen müsse. Ich habe gar nicht so genau hingehört, denn ich mag nun mal keine Aufschneider und das war Wipo ganz gewiss. Als ich einige Zeit später meinen Bruder in Köln besuchte, kam ich auf die Begegnung mit Wipo zu sprechen. Du hättest sehen sollen, wie entgeistert Hildebert aussah", grinste Augustinus. „Zu der Zeit war der angebliche Kaplan nämlich schon längst entlassen.

Hildebert hat mir die Abschrift der Urkunde gezeigt, die er im erzbischöflichen Archiv verwahrt hat."

„Sieh mal einer an", sagte Hildegard, „das ist wirklich interessant. Gibt es hier in St. Goar eigentlich Katharer?", fragte sie den Bibliothekar.

„Wie kommst du jetzt auf die?", entgegnete Augustinus entgeistert.

„Ach, nur so", meinte Hildegard und tat zerstreut. „Ich will nach Köln reisen, um dort zu predigen, und dabei möchte ich die Menschen auch vor den Katharern warnen. Deshalb interessiere ich mich dafür, ob es auch in anderen Orten am Rhein schon Gemeinden von ihnen gibt."

„Als Wipo bei uns war, ist hier einer durchgereist", erinnerte sich der Chorherr. „Das war ein ziemlich großer Kerl, nicht so abgemagert, wie manche von denen aussehen. Naja, vielleicht war er noch nicht so lange dabei und hatte noch keine Gelegenheit, sich zugrunde zu fasten. Er predigte auf dem Marktplatz und natürlich haben ihm eine Menge Leute zugehört. Wipo ist auch hingegangen, wenn ich mich recht erinnere, und erst nach der Komplet in unser Chorherrenstift zurückgekehrt. Er hatte Glück, dass unser Pförtner so einen leichten Schlaf hatte. Ich weiß nicht, wo er sich so lange rumgetrieben hat", wunderte sich Pater Augustinus.

Hildegard wunderte sich nicht. In ihrem Kopf begannen die Puzzleteilchen des Rätsels um die verschwundenen Könige stattdessen erste Grüppchen zu bilden und sich zu einem Bild zu formieren.

„Dann will ich dich nicht länger aufhalten", sagte sie freundlich zu Augustinus, „und meine Reisegefährten mal wieder einsammeln. Wir wollen heute nämlich noch weiter nach Boppard."

In der Küche fand sie Volmar und Hiltrud. Schnell setzte sie sich zu ihnen und aß eine Schüssel von dem leckeren Eintopf, den der Koch des Chorherrenstiftes der kleinen Reisegruppe in ihre Schüsseln gelöffelt hatte. Dann bedankte sie sich für die Gastfreundschaft und mahnte zum Aufbruch. Die Reise hatte vielversprechend begonnen und Hildegard war nun guter Hoffnung, das Rätsel lösen zu können.

Aaron auf Spurensuche

Bevor sie aufbrechen konnten, mussten sie jedoch erst einmal Hugo und Aaron finden. Die schienen sich nämlich in Luft aufgelöst zu haben. „Hugo wird bei den Pferden sein", meinte die stets praktisch veranlagte Hiltrud und tatsächlich fanden sie den jungen Ritter wenig später im Stall, wo er umsichtig dafür sorgte, dass die Pferde guten Hafer und erfrischendes Wasser bekamen.

„Das nenn ich mal einen treusorgenden Ritter", lobte Volmar ihn. „Hast du denn selbst auch etwas gegessen?"
„Ja", lächelte Hugo, „einer der Knechte hat mir etwas Brot, Käse und Wasser aus der Küche geholt."
„Hast du eine Ahnung, wo Aaron ist?", fragte Hiltrud, die sich suchend im Klosterhof umsah.
„Ich glaube, er wollte sich ein wenig im Ort umsehen", meinte Hugo.

„Hoffentlich kommt er bald wieder", sagte Volmar besorgt, „wir müssen bald weiterreiten, wenn wir heute noch vor der Vesper in Boppard ankommen wollen."
„Ach was, ein wenig Zeit haben wir noch", meinte Hildegard gelassen. „Wir setzen uns einfach noch ein wenig in die Sonne."
Sie erzählte Hugo, Volmar und Hiltrud, was sie bei Pater Augustinus in Erfahrung gebracht hatte.

„Du meinst also, dass Wipo die Reliquien geklaut hat, um sich an Rainald zu rächen, weil er ihn entlassen hat?"
„Ja", bestätigte Hildegard, „und ich glaube, dass er ihn außerdem erpressen will. Er ist, wenn Augustinus mir das richtig beschrieben hat, unheimlich sauer, weil Rainald ihn beim Stehlen erwischt und deswegen rausgeschmissen hat. Deshalb will er Rainald nicht nur ärgern, er will ihn erpressen. Wenn er, Wipo, Rainald dazu bringt, Geld dafür zu bezahlen, dass er die Reliquien der Heiligen Drei Könige wiederbekommt, tut Rainald etwas, das auch nicht in Ordnung ist. Ich glaube, darauf will Wipo eigentlich hinaus. Rainald soll sich etwas zuschulden kommen lassen. Vielleicht will er auf diese Weise sogar wieder erreichen,

in sein Amt eingesetzt zu werden. Es kann aber natürlich auch sein, dass er inzwischen bei den Katharern Karriere gemacht hat und gar kein Kaplan mehr sein will." Hildegard erzählte den anderen davon, wie Wipo zur Predigt des durchreisenden Katharers auf den Marktplatz gegangen und erst spät abends wieder in das Chorherrenstift zurückgekehrt war. „Augustinus glaubt, er habe sich vielleicht mit dem fremden Prediger getroffen. Wer weiß, vielleicht hat er ihn mit seinen krausen Ideen angesteckt oder Wipo hat einfach eine Chance gewittert, sich wichtig zu machen. Möglicherweise ist er sogar mit diesem Katharer zusammen weitergereist."

In diesem Augenblick kam Aaron in den Kirchhof geschlendert. Er kaute an einem Apfel, den er offenbar irgendwo auf seinem Streifzug geschenkt bekommen hatte. Er setzte sich neben Hugo und griff dankbar nach dem Wasserkrug, den sein Freund ihm reichte. Als er die erwartungsvollen Gesichter der anderen sah, grinste er und sagte: „Kann ich etwas von dem Pergament haben, um einen Brief an meinen Vater zu schicken?"

„Natürlich." Volmar begann sofort, in seiner Reisetasche zu kramen und holte Pergament, Feder und ein sorgfältig verschlossenes Tintenhorn hervor. Die kleine Gruppe schwieg, während Aaron die Feder flink über das Pergament gleiten ließ. Er beherrschte die Geheimschrift inzwischen genauso gut wie die normalen Buchstaben. Hildegard streckte sich und hielt ihr Gesicht genießerisch in die Sonne.
Als Aaron fertig war, rollte er das Pergament zusammen und steckte es in eine kleine Lederrolle. „Ich habe etwas Spannendes

herausgefunden", begann er. Dann wandte er sich an Hildegard: „Als du gesagt hast, dass die ganze Sache etwas mit den Katharern zu tun hat, dachte ich, es kann nicht schaden, wenn ich mich mal ein wenig im Ort umhöre. Als Erstes bin ich natürlich zu Benjamin, dem Gewürzhändler gegangen. Er beliefert auch uns Binger Juden. Sein Zimt und sein Safran sind einfach köstlich."

Hildegard grinste, denn sie kannte das leckere Gebäck von Sarah, Aarons Mutter, aus eigener Erfahrung und konnte förmlich sehen, wie ihm bei der Erinnerung an diese Köstlichkeiten das Wasser im Munde zusammenlief.

„Benjamin erzählte mir, dass neulich ein Prediger dieser Sekte auf dem Marktplatz zu den Bürgern von St. Goar gesprochen hat."

„War Benjamin etwa auch dabei?", fragte Hiltrud gespannt.

„Ja", nickte Aaron. „Für uns Juden ist es immer wichtig zu wissen, was man sich erzählt, damit wir rechtzeitig gewarnt sind, wenn mal wieder so ein Verrückter herumläuft wie damals dieser Radulf in Mainz. Deshalb ist Benjamin auch hingegangen. Er fand das, was der Prediger, er hieß übrigens Lothar, gesagt hat, ziemlich verrückt. Lothar sprach zum Beispiel davon, dass unsere ganze schöne Welt nicht von Gott, sondern von einem gefallenen Wesen geschaffen worden sei. Was Benjamin besonders schrecklich fand, war, dass dieser Lothar behauptet hat, dieses gefallene Wesen, also so eine Art böse gewordener Engel, sei unser jüdischer Schöpfergott. Das kam Benjamin sehr gefährlich vor. Er dachte sofort daran, was nun geschehen könne: Die Katharer würden plötzlich sagen: Die Welt ist böse und der Gott der Juden hat sie gemacht, also sind die Juden an allem Bösen schuld. Es wäre nicht das erste Mal, dass wir zum Sündenbock gemacht werden. Deshalb hat Benjamin abgewartet, als sich die Menge auf dem Marktplatz langsam verlief, und ist dem Prediger in die Wirtschaft gefolgt, wo er offenbar etwas essen und trinken wollte. Das fand Benjamin komisch, denn eben hatte Lothar doch noch erzählt, der Körper sei böse und es sei besser nur wenig oder sogar gar nichts zu essen, um so schneller in das Reich des Lichtes einzugehen. Und nun saß er am Tisch in der Wirtsstube von Leberecht und haute sich eine Lammkeule zwischen die Zähne, dass das Fett nur so spritzte. Benjamin ging auch hinein, bestellte sich etwas zu trinken und setzte sich in die Nähe des Katharers. Der war inzwischen in ein Gespräch mit einem kleinen schwarzhaarigen Mann mit einer gebrochenen Nase vertieft, der eine Tonsur hatte, die gerade am zuwachsen war."

„Wipo", riefen Hildegard, Hiltrud, Volmar und Hugo wie aus einem Mund.

„Wipo", bestätigte Aaron. „Lothar nannte ihn während des Gespräches mehrmals beim Namen, darum war Benjamin ganz sicher. Er rückte näher heran, um herauszuhören, ob von Lothar irgendeine Gefahr für die Juden von St. Goar ausgehen würde. Die beiden sprachen darüber, wie man schnell an viel Geld kommen könne. Das wunderte Benjamin wieder, denn auf dem Markplatz hatte Lothar noch davon gesprochen, Geld sei ganz unwichtig, und nun schien er äußerst begierig zu sein, selbst welches zu bekommen. ‚Wenn du schnell an Geld kommen willst, musst du dich in den Besitz der Könige bringen. Dann werden die Goldstücke von alleine zu dir kommen', hatte Wipo zu Lothar gesagt." Benjamin hatte nicht verstanden, was er damit meinte.

„Nein, aber wir verstehen das sehr gut", sagte Hildegard. „Wipo hat also diesen Lothar angestiftet, die Reliquien zu stehlen. Das bedeutet, er muss davon gewusst haben, dass sie nach Köln gebracht werden sollten. Gut, ein Wunder wäre das nicht. Schließlich hat er in der Kanzlei Rainalds gearbeitet, wo Informationen aus dem ganzen Reich zusammenkommen. Und als er plötzlich nicht mehr dazugehörte, wollte er diese Informationen zu seinem eigenen Vorteil nutzen. Du hast deinem Vater alles über Lothar geschrieben und ihn gebeten herauszufinden, wohin er gereist ist?", fragte sie Aaron nun.

„Genau", bestätigte der Junge.

„Hast du auch daran gedacht, dass Lothar oder Wipo inzwischen schon wieder aus Italien zurück sein müssen und sich womöglich sogar in Köln aufhalten?"

„Klar", nickte Aaron. Er war ja nicht blöd. „Benjamin hat sie seit der Begegnung auf dem Marktplatz und in der Wirtschaft zwar nicht wiedergesehen, aber das muss nichts bedeuten. Vielleicht haben sie auf dem Rückweg keine Rast in St. Goar eingelegt."

„Wenn sie einigermaßen bei Verstand sind, haben sie darauf verzichtet", murmelte Hildegard. „Gut, dann läufst du am besten noch mal zu Benjamin und bittest ihn, den Brief zu überbringen. Sag ihm, er könne ein kleines Säckchen Zimt und eine Dose mit Safran im Kloster verkaufen. Schwester Gisela hat in ihrer Küche immer Verwendung dafür und dann macht er die Reise nicht umsonst." Aaron strahlte. Auf diese Weise Geschäfte zu machen, fand er einfach klasse. Vielleicht sollte er auch in Zukunft sowohl Kaufmann als auch Detektiv sein.

Eine Predigt mit Überraschungen

Es dauerte nicht lange, bis Aaron wieder zurück war. Hildegard, Volmar, Hiltrud und Hugo hatten die Zeit genutzt und die Reittiere schon mal auf den Klosterhof geführt. In der angenehm warmen Nachmittagssonne ritten sie zufrieden weiter Richtung Boppard. Hildegard war sich nun sicher, dass ihre Spürnase sie nicht getäuscht hatte. Die Reliquien mussten in Köln sein, und wenn sie dort waren, würden sie sie auch finden.

Nach einer Weile sahen sie die Türme der neuen St.-Severus-Kirche im Sonnenlicht blitzen. Sie sahen wunderschön aus mit ihren herrlichen Rundfenstern und der leuchtend bunten Bemalung. Hildegard war gespannt, ob die Kirche von innen auch so farbenprächtig ausgemalt sein würde. Sie waren kaum abgestiegen und hatten die Pferde und Maultiere Hugo und einem Knecht überlassen, der zu ihrem Empfang herbeigeeilt war, als die Glocken schon zur Vesper läuteten. Nach dem Abendgebet genoss die kleine Reisegruppe dankbar die Gastfreundschaft des Priesters der Gemeinde, der sich schon auf Hildegards morgige Predigt freute.

Aaron war nach der Vesper wie erwartet verschwunden und sicher schon wieder dabei, sich mit diesem und jenem zu unterhalten. Hildegard lächelte, als sie sich nach dem Abendessen und dem Nachtgebet zufrieden auf ihrem Lager ausstreckte. Ja, Aaron mitzunehmen hatte sich als gute Wahl erwiesen. Er würde ihnen helfen, das Rätsel um die verschwundenen Könige aufzuklären.

Am nächsten Vormittag predigte Hildegard auf dem Marktplatz. Es waren eine Menge Leute zusammengeströmt. Marktfrauen, Handwerker, die froh waren, einmal eine kleine Pause in ihrem anstrengenden Alltag machen zu können, Mägde, die gemeinsam mit ihren Herrinnen gekommen waren, und Knechte, die die Gelegenheit für ein Schwätzchen untereinander ergriffen, bevor Hildegard begann.

Obwohl die alte Nonne keine besonders laute Stimme hatte, wurde es schnell still, als sie die ersten Worte sprach. Aaron und Hugo, die noch nie bei einer Predigt der Äbtissin dabei gewesen waren, spitzten gespannt die Ohren. „Ihr seid geboren und herangewachsen, weil Gott euch wollte", begann Hildegard ihre Predigt. Aaron sah, wie der Knecht, der vor ihm stand, sich nachdenklich hinter dem Ohr kratze. Dass Gott ihn persönlich gewollt hatte, hatte er wohl nicht erwartet.

„Gott hat euch schon bei eurer Geburt seine Gebote gegeben. Sie sind wie eine Schnur, an der ihr einen tiefen Abgrund entlanggehen könnt, ohne herunterzufallen. Ihr sollt daran mitarbeiten, dass Gottes Schöpfung immer schöner wird, ihr sollt Kinder bekommen und sie liebevoll großziehen und darauf achten, dass es allen, mit denen ihr lebt, gut geht. Aber ihr", fuhr Hildegard fort und hob ihre Stimme ein wenig, „habt euch durcheinanderbringen lassen. Ihr setzt Kinder in die Welt, aber nicht nur mit eurem Mann oder eurer Frau, wie es sich gehört, sondern mit jedem, der euch gerade über den Weg läuft. Ihr werft einander in den Kerker, ihr bringt euch sogar um, anstatt dafür zu sorgen, dass Gottes Gebote eingehalten werden.

Und warum macht ihr das? Weil ihr euch einbildet, es wäre unmöglich, die Gebote einzuhalten, wenn man ein normales Leben führt. Dafür, so denkt ihr, muss man eine Nonne sein, so wie ich, die still und abgeschieden in einem Kloster lebt. Aber das ist Unsinn. Auch mein Kloster liegt mitten in dieser Welt und ich muss mich genauso anstrengen wie ihr, freundlich zu meinen Mitmenschen zu sein, nicht ungeduldig zu werden, wenn eine Schwester mich etwas fragt, was ich ihr schon hundert Mal erklärt habe, oder den Händlern, denen ich etwas abkaufe, einen gerechten Lohn zu zahlen. Und glaubt ihr etwa, in Klöstern gäbe es keine Unzucht? Dann habt ihr wohl noch nie von den Kindern gehört, die dort geboren worden sind."

„Bist du deshalb vom Disibodenberg weggezogen?", rief ein

Knecht frech aus einer der hinteren Reihen. Die Leute auf dem Marktplatz begannen zu lachen.

Über Hildegards Gesicht zog ein Schatten. „Ja", sagte sie leise. „Das war einer der Gründe. Eine meiner Schwestern hat sich in einen der Mönche verliebt. Als sie schwanger war, habe ich ihr gesagt, dass sie das Kloster verlassen muss. Da hat sie sich umgebracht."

Auf dem Marktplatz konnte man nun eine Stecknadel fallen hören. Eine der Mägde hatte zu weinen begonnen.

„Gottes Gebote einzuhalten ist für niemanden leicht", fuhr Hildegard fort. „Aber wenn wir ein gutes Leben führen wollen, ist es wichtig, dass wir uns darum bemühen, so gut wir es nur können."

Aaron und Hugo waren schwer beeindruckt. Sie hatten mit allerhand gerechnet, aber nicht mit so einer Predigt. Hugo hatte erwartet, dass Hildegard den Priestern ihre Fehler vorhielt, so, wie sie es an anderen Orten schon getan hatte. Aber dann sah der junge Ritter ein, dass das nicht richtig gewesen wäre. Wenn Hildegard vor einer Domkirche predigte, wo viele Priester zusammenkamen, war es etwas anderes, aber hier, wo vor allem einfache Menschen lebten, hätte so eine Predigt nur die Schadenfreude der Menschen hervorgerufen und sie hätten keinen Grund gesehen, ihr Leben zu ändern. So aber war alles ganz anders gekommen. Mit ihrem freimütigen Bekenntnis hatte Hildegard die Herzen der Menschen erreicht. Sie hatten verstanden, dass es bei einem Leben nach den Geboten Gottes auf jeden Einzelnen ankam und dass keiner sich damit herausreden konnte, für ihn wäre es nicht möglich, so zu leben, wie Jesus es uns vorgelebt hat.

Die Spur auf der anderen Seite des Flusses

Als Hugo sich umsah, war Aaron plötzlich verschwunden. Der Ritter grinste. Na, wenn das so war, würde er sich wohl auch besser wieder an seine Arbeit machen. Hildegard hatte ihre Predigt nun beendet, aber viele Menschen waren auf dem Platz geblieben, weil sie noch persönlich mit der Äbtissin sprechen wollten. Der freundliche Priester der St.-Severin-Kirche hatte einen Stuhl für sie auf den Platz getragen und der Wirt von der anderen Seite des Platzes hatte einen Krug mit kaltem, mit ein wenig Wein vermischtem Wasser für sie gebracht. Nachdem Hildegard ihren Durst gelöscht hatte, begann sie, geduldig den Menschen zuzuhören, die ihre Sorgen mit ihr teilen und ihren Rat erbitten wollten.

Hugo schlenderte zu der Wirtschaft hinüber und bestellte sich beim Schankknecht ebenfalls etwas zu trinken. „Das waren ja mal klare Worte", begann er das Gespräch.

„Ja", bestätigte der junge Mann, der hinter der Theke nun ein paar Becher abspülte und sorgsam abgetrocknet wieder ins Regal stellte. „Ich fand es klasse, dass sie zugegeben hat, dass in Klöstern auch nicht alles zum Besten steht", sagte er. „Sonst tun die geistlichen Herren und Damen ja gerne mal so, als wäre bei ihnen immer alles in Ordnung und nur wir Laien wären es, die Sünden begehen würden."

„Euer Priester Siegward auch?", fragte Hugo neugierig, der den freundlichen alten Mann gestern Abend sehr sympathisch gefunden und beobachtet hatte, wie liebevoll er sich eben um Hildegard gekümmert hatte.

„Nein, Siegward ist in Ordnung", entgegnete der Schankknecht. „Als meine Mutter letztes Jahr krank wurde, hat er dafür gesorgt, dass wir eine Hilfe bekamen, die sich um meine kleinen Geschwister gekümmert hat und er ist auch selber regelmäßig vorbeigekommen, um nach dem Rechten zu sehen."

„Finden bei euch eigentlich regelmäßig öffentliche Predigten statt?", erkundigte sich Hugo.

„Ne, eigentlich nicht", erwiderte der Knecht, „aber warte mal, letztes Jahr war ein Prediger da. Der hat aber sehr komische Sachen erzählt und Siegward hat uns später vor ihm gewarnt. Er sei einer von dieser neuen Sekte, wie heißen die doch gleich …"

„Katharer", half Hugo nach.

„Genau", bestätigte der Schankknecht. „Siegward hat nach der Predigt mit diesem angeblichen Mönch gesprochen und ihm schwer die Leviten gelesen. Darum ist er wohl auch nicht wiedergekommen. Aber mein Bruder Karl, der in Lahnstein lebt und der mich kürzlich mit seiner Frau und seinem kleinen Sohn besucht hat, erzählte mir von einer merkwürdigen Predigt vor der Johanniskirche, die er vor nicht allzu langer Zeit gehört hat. Was er mir berichtete, klang ganz nach diesem komischen Katharer, der bei uns vergeblich sein Glück versucht hatte."
„Also ist er auf der anderen Rheinseite wieder zurückgereist", murmelte Hugo versonnen.

„Was hast du gesagt?", fragte der Knecht, denn in diesem Moment wurde es laut in der Wirtschaft, weil eine Reihe von Leuten, die vorher noch auf dem Platz miteinander geredet hatten, nun den Schankraum betraten.
„Hat dein Bruder erwähnt, ob der Prediger alleine unterwegs war?", fragte er.
„Nein, jetzt wo du danach fragst … er sagte, er sei in Begleitung so eines kleinen Schwarzhaarigen gewesen, der nach der Predigt noch fanatischer geredet hätte als der Prediger selbst."
Hugo hatte inzwischen seinen Becher geleert und stellte mit einem Blick auf den Platz fest, dass auch die Menschenmenge, die Hildegard umstanden hatte, sich langsam auflöste.
„Dann will ich dich mal nicht weiter von der Arbeit abhalten", sagte er freundlich und warf ein paar Kupfermünzen auf die Theke, die der Schankknecht dankbar grinsend einstrich.
„Kein Problem", meinte der, „war mir ein Vergnügen."

Ohne Code geht es nicht

Als Hugo wieder ins Sonnenlicht hinaustrat, fiel er beinahe über Aaron, der gerade um die Ecke geflitzt kam. „Na, etwas herausgefunden?", fragte Hugo und knuffte seinen Freund in die Seite.

„Lothar hat auch hier gepredigt", meinte Aaron etwas atemlos. Das hat Joel, der Goldschmied mir erzählt."

„Ja", bestätigte Hugo, „davon habe ich auch gehört."

„Und dann hat Joel mir noch einen wichtigen Hinweis gegeben", fuhr Aaron fort. „Lothar, also dieser Katharer Prediger, trug ein seltsam aussehendes Schmuckstück um den Hals. Als Goldschmied ist Joel das natürlich sofort aufgefallen. Es war ein Kreuz, dessen vier Enden geschweift waren, also ein bisschen wie eine Taube aussahen."

„Bemerkenswert", bestätigte Hugo, „das müssen wir Hildegard erzählen."

Die hatte aber noch keine Zeit, weil von irgendwoher noch ein paar Leute gekommen waren, die unbedingt mit der alten Äbtissin sprechen und von ihr gesegnet werden wollten, darum zog Hugo Hiltrud an die Seite und berichtete Ihr, was er und Aaron herausgefunden hatten.

„Erstklassige Arbeit", lobte die schmale Nonne die beiden. „Das bedeutet also, Lothar, der Katharer, und Wipo, der ehemalige Kaplan, sind wirklich in Richtung Italien gereist und auch gemeinsam zurückgekehrt. Allerdings haben sie den Weg auf der anderen Rheinseite genommen. Ihr Verhalten haben sie aber nicht geändert, Lothar hat weiter gepredigt."

„Vermutlich hat er dabei Geld gesammelt", überlegte Hugo. „Von irgendetwas mussten die beiden ja leben."

„Das kann gut sein", bestätigte Hiltrud. „Auf jeden Fall werden wir jetzt wohl unseren Code wieder zum Einsatz bringen."

„Wir sollen uns aufteilen?", fragte Hugo.

„Ja", bestätigte Hiltrud. „Wir besprechen das gleich noch mit Hildegard und Volmar, aber ich denke, du und Aaron, ihr wer-

det auf der anderen Seite des Flusses nach Spuren suchen, während wir drei", sie deutete auf Volmar, Hildegard und sich selbst, „nach Andernach weiterziehen."
„Schade", grinste Hugo frech, „das Gesicht von Tenxwind hätte ich schon gerne gesehen, wenn Hildegard ihre Predigt hält."
„Vielleicht seid ihr dann ja schon wieder dazugestoßen", tröstete Hiltrud ihn lächelnd. „Ansonsten verspreche ich dir, dass wir euch haarklein alles erzählen werden."

Hildegard und Volmar waren ebenfalls der Meinung, dass es das Beste sein würde, wenn sich die kleine Reisegruppe nun aufteilte. „Ihr beiden bleibt aber zusammen", ordnete sie streng an und fuhr an Aaron gewandt fort: „Ich habe deinem Vater fest versprochen, dass ich dich heil wieder zurückbringe. Versprich mir, dass du keine Alleingänge unternimmst, sondern immer in Hugos Nähe bleibst."
„Ich leg ihn an die Leine", grinste Hugo und zog seinen Freund spielerisch am Ohr.
„Ist ja schon gut", murrte der. „Aber ein bisschen umsehen muss ich mich schon können, sonst finde ich nichts heraus."
„Das sollst du auch", warf Volmar begütigend ein. „Ohne dich hätten wir nämlich lange nicht so viele Informationen gesammelt."
Nun war Aaron wieder zufrieden. „Ich kann in der Wirtschaft nachfragen, ob Aaron und ich unsere Tiere dort einstellen können, und mich erkundigen, wer uns über den Rhein setzen kann", bot Hugo an.
Das mit der Fähre war schnell geregelt, denn der Onkel von Hans, dem Schankknecht, war für die Überfahrten von Boppard ans andere Rheinufer zuständig und Hans erbot sich, ihn über

seine neue Kundschaft zu benachrichtigen. Aaron schrieb unterdessen in Hildegards Geheimschrift eine weitere Nachricht an seinen Vater Ezra. Nun, wo sie herausgefunden hatten, dass Lothar und Wipo auf der anderen Rheinseite zurückgereist waren, musste er natürlich auch Ezra davon berichten. Der konnte sich in Bingen umhören, ob die beiden dort die Seiten gewechselt hatten oder schon zu diesem Zeitpunkt den anderen Weg nach Köln genommen hatten. Dann machte er sich schnell auf den Weg zu Joel, der dafür sorgen sollte, dass die Botschaft so bald wie möglich Bingen erreichte. Inzwischen hatte Hugo sein Pferd und Aarons Maultier im Stall des Wirtshauses untergebracht und Hans einige Kupfermünzen dafür gegeben, dass er die Tiere in ihrer Abwesenheit versorgte.

„Was glaubst du, wie lange werdet ihr unterwegs sein?", fragte Hans den jungen Ritter.

„Ich weiß nicht genau", erwiderte Hugo zögernd. Es kommt auf die Umstände an. Wir müssen uns auf der anderen Rheinseite Pferde mieten und das eine oder andere erledigen, dann werden wir so schnell wie möglich nach Boppard zurückkehren. Hildegard will morgen nach Andernach weiterreiten. Am liebsten wäre es mir, wenn ich ihre Predigt, die übermorgen in der Klosterkirche stattfinden soll, nicht versäumen würde."

„Was die Pferde angeht, kann ich dir helfen", meinte Hans. „Mein Onkel Reinhold hat einen Freund auf der anderen Seite, in dessen Wirtschaft immer einige Mietgäule zu haben sind. Wenn ihr es möchtet, wird er euch hinführen."

„Das wäre wunderbar", sagte Hugo erfreut und steckte Hans schnell noch ein paar Kupfermünzen zu, die dieser mit einem breiten Grinsen in seinen Beutel gleiten ließ.

Warum Nonnen beim Essen keinen Klönschnack halten

Hildegard, Hiltrud und Volmar begleiteten Hugo und Aaron ans Rheinufer und winkten ihnen noch eine Weile nach, während Reinhold, der Fährmann, sie übersetzte. Auf der Mitte des Flusses löste Hugo den alten Fährmann ab und trieb das Boot mit ein paar kräftigen Ruderschlägen voran, um möglichst rasch der starken Strömung zu entgehen.

„Die Jungs sind schwer in Ordnung", meinte Hiltrud zu ihren Reisegefährten.
„Das sind sie", bestätigte Volmar.
„Wisst ihr eigentlich, dass Hugo Aaron beigebracht hat, wie man mit einem Schwert umgeht?", fragte Hiltrud.
„Nein", riefen Hildegard und Volmar entgeistert.
„Wann denn das?"

„In der Woche, bevor wir abgereist sind. Immer, wenn Hugo mit dem Üben der Geheimschrift fertig war, in der Aaron ihn gewissenhaft unterrichtete, sind die beiden hinter den Stall verschwunden und dort hat Hugo Aaron dann gezeigt, wie man ein Schwert hält, es schwingt, und ihm die wichtigsten Tricks eingetrichtert, die man braucht, um sich zu verteidigen."
„Hoffen wir, dass er die nicht anwenden muss", brummte Volmar und wandte sich wieder dem Städtchen zu, in das sie nun zurückschlenderten.

„Das hoffe ich auch", seufzte Hildegard. „Ich könnte Ezra nicht mehr in die Augen sehen, wenn seinem Jungen was passiert."
„Ach was", wehrte Hiltrud ab, „die beiden sind patent, die kriegen das schon hin. Und was soll schon passieren, wenn sie ein paar Erkundigungen über zwei Leute einziehen, die irgendwann mal in der Gegend vorbeigekommen sind?"

„Dein Wort in Gottes Ohr", sagte Hildegard. Sie folgte Volmar, der die Tür zum Pfarrhaus aufgedrückt hatte, und ließ sich seufzend an dem großen Tisch nieder, der im Zentrum der gemütlichen Küche des Pfarrhauses stand.

Aus dem Flur hörten die drei ein Poltern, dann stieß Gertrud, die dicke Pfarrersköchin, die Tür auf und kam herein. „So, da seid ihr ja wieder", schnaufte sie. „Jetzt habt ihr bestimmt Hunger."
Hiltrud, Hildegard und Volmar nickten dankbar. Nun, wo Gertrud fragte, fiel ihnen erst auf, dass sich in ihren Mägen während der Predigt und der Abreise von Hugo und Aaron ein großes Loch gebildet haben musste. Gertrud stellte fünf Schüsseln auf den Tisch und rührte danach mit aufmerksamem Blick in einem Topf, der auf dem Herd stand und aus dem es verführerisch duftete.

Bevor sie die Schüsseln füllte, ging sie noch einmal zur Tür und rief: „Siegward, Essen ist fertig" in den Flur hinein. „Er sitzt wieder über den Büchern", grinste sie. „Deine Predigt hat ihm gut gefallen und nun überlegt er, was er am Sonntag predigen wird."

Im Flur klappte eine Tür und wenig später betrat Siegward die Küche. Gertrud füllte für jeden zwei große Kellen ihres Gemüseeintopfes in die Schüsseln, stellte noch fünf Becher und einen Krug mit Wasser auf den Tisch und nach einem kurzen Gebet begannen alle, schweigend zu essen.

Dazu muss ich dir nun wieder was erklären. Bei dir zu Hause ist es bestimmt wie bei mir. Wenn alle zum Essen zusammenkommen, hat jeder etwas zu erzählen. Der Papa schimpft über seinen doofen Chef, die Mama freut sich, weil sie einen neuen Auftrag bekommen hat und du berichtest haarklein darüber, welchen tollen Streich ihr eurer Klassenlehrerin spielen wollt.

Im Kloster ist das anders. Da essen alle schweigend. Wenn du jetzt denkst, dass das doch sehr langweilig ist, muss ich dir widersprechen. Die Mönche oder Nonnen schweigen nämlich deswegen, weil sie zuhören. Immer, wenn alle essen, liest ein Mönch oder eine Nonne aus einem Buch vor. Das ist in den Klöstern heute noch so. Meist sind das Bücher über Gott, aber manchmal ist es auch Pater Brown oder Pippi Langstrumpf.

Weil Hildegard, Hiltrud und Volmar so daran gewöhnt waren, schwiegen sie auch diesmal und Gertrud und Siegward schlossen sich ihnen an. Als alle ihre Schüsseln geleert und ihren Durst gestillt hatten, lobte Siegward Hildegard erst mal tüchtig für ihre Predigt und dann begannen sie, über dieses und jenes zu sprechen. Hiltrud lenkte das Gespräch schließlich unauffällig auf die Katharer, wofür Hildegard ihr einen dankbaren Blick zuwarf.

Siegward denkt mit

„*Die breiten sich aus wie eine Seuche*", seufzte Siegward. „*In Köln sind sie zuerst aufgetaucht, das war ein paar Jahre, bevor Papst Eugen auf der Synode von Trier aus deinem Buch vorgelesen hat*", wandte er sich an Hildegard.

Die nickte bestätigend. „Ja, und 1147 hatten sie schon überall im Reich ihre Gemeinden."

„In Köln gehören viele Hundert Menschen dazu."

„Aber warum schließen sich Christen einer Gruppe an, die so einen Unsinn verkündet, wie den, dass der Körper und die Welt böse sind und dass diejenigen, die sich die Perfekten nennen, sich zu Tode hungern?", fragte Volmar.

„Ich glaube, es liegt vor allem an uns", erwiderte Siegward.

„Wie meinst du das?", fragte Volmar erstaunt zurück.

„Naja", sagte Siegward, „überleg doch mal. In Köln sind viele Priester sehr reich. Sie machen Politik, tragen teure Gewänder, essen den leckersten Braten und kümmern sich kein bisschen um die Menschen aus ihrer Gemeinde. Wenn es jemandem schlecht geht, kriegen sie es gar nicht mit. Einmal, weil es sie nicht interessiert, und dann auch, weil es ihnen niemand mehr sagt. Kein Mensch, der alle Schüsseln im Regal hat, wendet sich an einen aufgeblasenen Besserwisser, wie es viele Mitglieder des Kölner Klerus nun mal sind. Die Gemeinden ahmen dieses Verhalten nach. Wenn der Priester, der ihr Hirte sein und sich in jeder Weise um sie sorgen sollte, sich nicht um sie kümmert, färbt das auf das Verhalten der Menschen ab. Sie ahmen sein schlechtes Beispiel nach und kümmern sich auch nur noch um ihre eigenen Angelegenheiten."

„Siegward hat recht", stimmt Hildegard zu. „Im Kloster ist es doch genauso. Der Fisch stinkt vom Kopfe. Wenn die Äbtissin sich nicht um ihre Gemeinschaft kümmert, vernachlässigen auch die Nonnen die Bedürfnisse ihrer Mitschwestern. Darum steht ja in der Regel Benedikts, nach der wir in unserem Kloster leben, sogar: Die Nonnen sollen sich an die Regel halten, auch wenn die Äbtissin anders handelt."

„Benedikt wusste eben, dass Äbtissinnen auch nicht unfehlbar sind", warf Hiltrud ein und warf Hildegard einen liebevollen Blick zu.
„Wem sagst du das", seufzte die. „Wisst ihr noch, wie ich mit allen Mitteln versucht habe zu verhindern, dass unsere Schwester Richardis Äbtissin in Bassum wird, nur weil ich sie unbedingt bei mir behalten wollte? Damals habe ich die ganze Gemeinschaft durcheinandergebracht, weil ich nur auf mein Wohl geachtet habe und nicht auf das der anderen."
„Das ist es, warum bei deinen Predigten alle zuhören", sagte Siegward, „du gibst auch mal einen Fehler zu und begnügst dich nicht damit, den anderen ihre vorzuhalten."

Hildegard lächelte. „Du wolltest uns noch mehr darüber erzählen, warum alle den Katharern nachlaufen", erinnerte sie.
„Ja", fuhr Siegward fort, „es liegt eben genau daran, dass wir den Fehler machen, nur an uns selber zu denken. Wenn es dann jemandem aus unseren Gemeinden schlecht geht, merkt es keiner. Wenn dann die Katharer kommen, um zu helfen, ist es doch klar, dass die Leute sie super finden. Sie sind dankbar, weil die Gemeindemitglieder der Katharer einkaufen gehen, wenn die Mutter krank ist, im Haus helfen oder eine Weile die Arbeit des Vaters mit übernehmen, weil der sich ein Bein gebrochen hat. Sie freuen sich über ihre Hilfsbereitschaft. Dabei denken sie kein bisschen daran, was für einen Quatsch die Katharer glauben. Sie

denken einfach: Wer so nett zu mir ist, kann kein schlechter Mensch sein. Die Katharer handeln glaubwürdig. Deshalb fällt es den Menschen hinterher leicht, auch den Unsinn zu glauben, den sie erzählen und bei dem man besser den Verstand einschalten und das Weite suchen sollte."

Ich finde, Siegward hat das richtig gut erklärt. Und weißt du was: Dieser Trick funktioniert heute immer noch. Es gibt nämlich auch bei uns Menschen, die sich scheinbar ganz selbstlos um andere kümmern. Sie führen den Hund von der alten Frau aus, die nicht mehr so gut laufen kann. Sie gehen für den alten Mann einkaufen, dessen Kinder weit entfernt in einer anderen Stadt leben. Die Leute finden das total nett, dass diese jungen Burschen mit den kurzen Haaren, die immer so höflich sind, ihnen helfen. Weil sie ihnen dankbar sind, laden sie sie zum Kaffeetrinken ein und dann erzählen die Jungs ihnen Sachen wie: In Deutschland gibt es viel zu viele Ausländer, die müsste man alle wieder wegschicken. Damit meinen sie auch deinen Freund Akin, der hier in Deutschland geboren ist, und deine Freundin Merve, deren Eltern auch schon in Deutschland zur Welt gekommen sind, oder Samir, der nun in deine Klasse geht, weil er in seiner Heimat Iran nicht mehr sicher ist. Wenn du so etwas hörst, kann ich dir nur einen guten Rat geben: Sag laut und deutlich: „Du spinnst", nimm deine Beine in die Hand und geh weg. Und sorg dafür, dass jemand anderes für Opa einkaufen geht und Omas Hund ausführt. Am besten machst du es selbst und lädst auch Akin, Merve und Samir dazu ein.

„Gibt es in Boppard denn auch eine Katharer Gemeinde?", fragte Hildegard nun.

„Nein, Gott sei Dank nicht", erwiderte Siegward.
„Ich würde eher sagen, Siegward sei Dank", grinste Gertrud. „Unser Priester kümmert sich nämlich um seine Gemeinde. Mit seinem guten Beispiel steckt er andere an, deshalb braucht bei uns keine kranke Mutter auf einen Katharer warten, weil sich bei uns sofort herumspricht, wenn einer Hilfe braucht. Siegward hat eben nicht den ganzen Tag den Kopf im Tabernakel oder die Nase in den Büchern, er packt auch mal mit an. Deshalb kommt bei uns keiner auf den Gedanken, dass er sich drücken könnte."

„Ja, beten allein nützt nichts, wenn das Baby frische Windeln braucht", bestätigte Hildegard, die in ihrem Kloster auch immer im Hospital mithalf, die Kranken zu versorgen und deshalb manchmal sogar beim Gottesdienst gefehlt hatte. Auch ums Kloputzen drückte sie sich nicht. Schließlich schrieb der heilige Benedikt in seiner Regel ausdrücklich, dass gerade die einfachen Arbeiten wie Essen austeilen, Abwaschen usw. besonders wichtig sind, und dass alle sie abwechselnd tun sollen.

Aaron wird Knappe

Hugo und Aaron hatten sich inzwischen von Reinhold die Wirtschaft zeigen lassen, in der man sich auch Pferde mieten konnte. Hugo hatte zwei schöne Tiere ausgesucht. Aaron war ganz außer sich vor Freude, weil er sein Maultier nun gegen ein edles Ross tauschen konnte. Er kam sich jetzt wie ein richtiger Ritter vor oder besser wie ein Knappe. Hugo hatte ihm gesagt: „Wenn einer fragt, bist du mein Knappe Jakob."

„Ein guter Name", stimmte Aaron zu, „unser Stammvater Jakob wird schon für mich sorgen."
„Unser heiliger Apostel Jacobus auch", ergänzte Hugo.
„Meinetwegen, doppelt hält besser", grinste Aaron und schwang sich auf sein Pferd. Zu zweit kamen sie wesentlich schneller voran als mit ihrer kleinen Reisegruppe. Hildegard ritt zwar ganz ausgezeichnet, aber Volmar saß wie ein Sack Mehl auf dem Pferd. Deshalb waren sie bislang eher gemächlich geritten. Nun war Hugo gleich in einen scharfen Galopp gefallen, deshalb waren noch keine zwei Stunden vergangen, als sie Lahnstein erreicht hatten.

Es dauerte nicht lange, bis sie sich zu der kleinen Wirtschaft durchgefragt hatten, die Karl mit seiner jungen Frau Agnes gemeinsam betrieb. Georg, ihr kleiner Sohn, flitzte zwischen den Tischen hin und her und half auch schon eifrig mit. Der Ritt hatte Hugos und Aarons Kehlen austrocknen lassen. Deshalb bestellten sie sich als erstes etwas zu trinken. Weil glücklicherweise gerade wenig los war, kamen sie sofort mit Karl ins Gespräch. Hugo richtete ihm die Grüße seines Bruders Hans aus und versicherte ihm, dass in Boppard alles in Ordnung war.
„Wir sind mit Hildegard von Bingen unterwegs", berichtete Hugo dem jungen Gastwirt.
„Ah, ist sie wieder einmal auf Predigtreise?", fragte Karl, der natürlich schon von der berühmten Äbtissin gehört hatte.
„Ja", bestätigte Hugo.
„Wird sie auch nach Lahnstein kommen?", fragte Karl interessiert. Ein Menschenauflauf, wie er bei einer Predigt Hildegards auf dem Marktplatz zu erwarten war, wäre gut fürs Geschäft.

„Leider nein", bedauerte Hugo. „Mein Knappe Jakob und ich haben heute nur einen Abstecher nach Lahnstein unternommen, weil der vielversprechende junge Mann hier etwas zu erledigen hat." Hugo grinste verschwörerisch und zwinkerte Karl zu.
„Verstehe", sagte er, „wie heißt denn die Glückliche?"

„Das will er mir noch nicht verraten. Und nun verschwinde schon", knuffte er Aaron in die Seite, „wir haben nicht den ganzen Tag Zeit. Schenk mir noch ein Bier ein", forderte Hugo den Wirt auf, „und dir auch, dann kannst du dich ein wenig zu mir setzen."

Karl, der schon seit den frühen Morgenstunden auf den Beinen war, nahm die Einladung dankbar an. „Hans hat erzählt, dass bei euch kürzlich einer von dieser neuen Sekte gepredigt hat, wie heißen sie noch gleich?"
„Katharer", erwiderte Karl prompt. Als Gastwirt war er immer gut informiert. Schließlich kamen bei ihm eine Menge Leute zusammen und jeder hatte etwas anderes zu erzählen. Das mochte er an seinem Beruf. Er erfuhr alles, was in der Welt passierte, ohne dafür weite Reisen unternehmen zu müssen.

Eine heiße Spur

„*Der predigt bestimmt etwas ganz anderes als Hildegard*", *ermunterte Hugo ihn.*
„*Darauf kannst du wetten*", *erwiderte Karl und trank einen kräftigen Schluck aus seinem Becher.* „*Er erzählte allerhand Unsinn darüber, dass nur die Enthaltsamen ins Reich Gottes kommen.*"

„Keine gute Werbung für einen Gastwirt", warf Hugo ein.
„Gar keine gute Werbung", bestätigte Karl. „Wenn alle Leute sich daran halten würden, kein Fleisch mehr zu essen und kein Bier mehr zu trinken, könnte ich meinen Laden dichtmachen."
„Bei dem Typen würde ich mir darüber aber keine Sorgen machen", mischte sich Agnes ein, die ihre Hände abtrocknete und sich nun auch einen Becher aus dem Regal nahm.
„Wie meinst du das?", fragte Hugo neugierig.

„Naja, das war einer von denen, die Wasser predigen und Wein trinken", sagte die junge Frau. „Er ging nach seiner Predigt gleich mit seinem Reisegefährten in die Kammer, die er bei uns gemietet hatte. Angeblich um zu meditieren. Das hatte er jedenfalls den Leuten gesagt, die gerne noch mit ihm gesprochen hätten. Aber dann ließ er sich von Eleonore, unserer Schankmagd, eine große Platte mit Braten und Brot bringen, gar nicht zu reden von den vier Weinkrügen, mit denen die beiden enthaltsamen Brüder ihren Durst stillten."

„Das ist natürlich äußerst eigenartig", stimmte Hugo zu.
„Bei denen war so einiges nicht in Ordnung", fuhr Agnes fort. „Eleonore erzählte mir später, sie hätten einen Sack dabei gehabt. Sonst hatten sie nicht viel Gepäck. Den wollte Eleonore beiseite räumen, als sie den beiden Gästen das Essen servierte. Als sie den Sack berührte, ist der Lothar, so hieß dieser Prediger, total ausgerastet. Er schrie Eleonore an, sie solle gefälligst ihre dreckigen Finger von seinen Sachen lassen und verschwinden. Sein Reisegefährte versuchte, den Katharer zu beruhigen, aber der regte sich furchtbar auf, so, als ob Eleonore den Sack hätte

stehlen wollen. Sie kam ganz außer sich zu mir in die Küche und weigerte sich, die Kammer noch einmal zu betreten. Als die beiden dann noch mehr Wein forderten, habe ich einen unserer Knechte hingeschickt. Wer weiß, was die sonst mit Eleonore angestellt hätten."

„Habt ihr oft Übernachtungsgäste?", fragte Hugo, der bei diesen Neuigkeiten ganz hibbelig geworden war.
„Wir haben diese eine Kammer", sagte Karl. „Im Moment ist sie gerade frei, hier in Lahnstein ist normalerweise nicht viel los."
„Tja, mein Knappe und ich würden gerne bis morgen bei euch bleiben. Wenn ihr mir die Kammer vermieten würdet?"
„Klar", sagte Agnes, „ich gehe gleich und gebe Eleonore Bescheid, dass sie alles für euch herrichtet."

In diesem Moment kam Aaron wieder in die Gastwirtschaft geschlendert. Seine Augen leuchteten. „Na, du scheinst ja Erfolg gehabt zu haben, Jakob, was immer du auch vorhattest", grinste Karl.
„Den hatte ich", lächelte Aaron zurück.

Nachdem Hugo und Aaron sich von Agnes noch ein paar Scheiben Brot mit Schmalz hatten schmieren lassen, zogen sie sich in die Kammer der Schankstube zurück.
„Erzähl", forderte Hugo seinen Freund auf.
„Du glaubst nicht, was ich herausgefunden habe", begann Aaron seinen Bericht. „Ich war bei David, einem Kollegen von Joel, dem Goldschmied. Rate, wer ihn aufgesucht hat."
„Doch nicht etwa Lothar?", fragte Hugo erstaunt.
„Genau der", bestätigte Aaron stolz.

„Was um alles in der Welt wollte er bei einem Goldschmied?", fragte Hugo entgeistert.

„Er hatte sein Kreuz verloren. Dieses besondere Kreuz, an dem Joel ihn als Katharer erkannt hat. Behauptete, es sei ihm in der Schankwirtschaft gestohlen worden, und beschuldigte die Magd der Wirtschaft."

„Eleonore", ergänzte Hugo.
„Genau! Woher weißt du das?", fragte Aaron.
„Weil Lothar die auf dem Horn hatte", erzählte Hugo. „Sie wollte in der Kammer, die Lothar und Wipo sich für die Nacht gemietet hatten, ein wenig aufräumen und einen Sack an die Seite legen, den die beiden scheinbar achtlos mitten ins Zimmer gelegt hatten. Da ist Lothar total ausgerastet und hat sie als Diebin beschimpft."

„Einen Sack", flüsterte Aaron, „doch nicht etwa den Sack mit den Reliquien?"
„Sieht ganz so aus", bestätigte sein Freund. „Warum hätte Lothar sich sonst dermaßen aufregen sollen? Aber was wollte der Katharer denn nun bei David?", fragte er weiter.

„Er sollte ihm ein Kreuz machen, das genauso aussah wie das, was er verloren hatte. Ich weiß auch nicht, was das soll. Vielleicht ist das so eine Art Abzeichen, an dem man seinen Rang erkennt."
„Und", fragte Hugo gespannt, „konnte David ihm helfen?"
„Sicher", erwiderte Aaron. „Er hat die halbe Nacht daran gearbeitet, aber dann sah es genauso aus, wie dieser Prediger es woll-

te. Die Nachtschicht hat sich gelohnt, das kann ich dir sagen. Dieser Lothar hat nämlich gut dafür bezahlt."

„Wenn der Goldschmied David die ganze Nacht an diesem Schmuckstück gearbeitet hat, kann er doch bestimmt sagen, wie es aussah", sagte Hugo.

„Das kann er", bestätigte Aaron und zog ein zusammengefaltetes Stück Pergament aus seinem Beutel. „So sieht es aus."

Ein Kreuz mit doppeltem Boden

Hugo entfaltete das Blatt und sah sich die Zeichnung genau an. Das Bild auf dem Pergament wirkte irgendwie seltsam unscharf. Auf der rechten Seite waren die Linien doppelt gezeichnet, so, als ob zwei gleiche Kreuze übereinandergelegt und dann abgezeichnet worden waren.

Und dann war da noch etwas komisch. „Guck mal", sagte er und wies mit dem Finger auf zwei Knubbel, die an der linken Seite des Kreuzes zu sehen waren. „Was ist das denn?"

„Keine Ahnung", meinte Aaron, der inzwischen die Kammer inspizierte. Er öffnete die Truhe, steckte den Kopf unter die Betten und blickte sich suchend unter dem Tisch und den beiden Hockern um. „Meinst du, die haben die Könige versehentlich hier liegen lassen", spottete Hugo.

„Ne, aber vielleicht was anderes", meinte sein Freund. Eine Spalte im Boden, die im Schatten eines Regals kaum zu sehen war, hatte seine Aufmerksamkeit erregt. Er ließ sich auf die Knie nieder, fuhr mit den Händen über den Boden und klopfte auf den Eichenbrettern herum, wobei er ein Ohr dicht an das Holz hielt.

Hugo sah nun aufmerksam zu. Sein Freund wusste offenbar, was er tat. Aaron öffnete seinen Beutel und holte ein kleines Messer heraus, das er auf seinen Reisen stets bei sich trug. Es war ein unauffälliges Schalenmesser, das in einer fest gearbeiteten braunledernen Scheide steckte. Er zog es heraus, steckte es in eine Ritze, die sich zwischen zwei Brettern gebildet hatte, und fuhr vorsichtig damit darin herum. Plötzlich stieß er auf einen Widerstand. Er porkelte eine Weile in der Ritze herum, dann zog er ein Lederband heraus, an dem ein goldener Anhänger baumelte.

„Das ", entfuhr es Hugo. „Aaron, du bist ein Genie."
„Da will ich dir nicht widersprechen", grinste der Junge frech und sah sich sein Fundstück genauer an. „Nun wissen wir auch, was die komischen Knubbel bedeuten", sagte er und deutete auf zwei kleine Scharniere an der linken Kreuzseite.
„Das Kreuz ist ein Medaillon", staunte Hugo. Aaron schob sei-

nen Daumennagel in die Ritze an der rechten Kreuzseite, drückte ein wenig und dann schwang das Kreuz auf. Ein Fetzen Pergament segelte auf den Boden. Hugo bückte sich, entfaltete ihn und las, was darauf geschrieben stand. „Reges in monasterium sanctae Mariae Andernacensis habitant. Die Könige wohnen im Kloster der heiligen Maria von Andernach", wiederholte der junge Ritter fassungslos.

„Wie jetzt", sagte Aaron erstaunt. „Ich dachte, die Reliquien sollen nach Köln gebracht werden."
„Das dachte Hildegard", erwiderte Hugo nachdenklich. „Aber diesmal scheint ihr Spürsinn sie an der Nase herumgeführt zu haben."
„Wenn Lothar und Wipo in Andernach sind, heißt das doch, dass diese engstirnige Äbtissin – wie heißt sie noch gleich?"

„Tengswind", warf Hugo ein.
„Dass diese Tengswind mit denen unter einer Decke steckt."
„Das kann gut sein", bestätigte Hugo. „Aber wenn das stimmt und sich die beiden mit den Reliquien immer noch in Andernach aufhalten, dann heißt das noch etwas ganz anderes …"
„Hildegard ist in Gefahr", rief Aaron erschrocken aus. Die beiden waren aufgesprungen und suchten eilig ihre Sachen zusammen.

Nun galt es, keine Zeit mehr zu verlieren. Sie mussten so schnell wie möglich nach Andernach, um Hildegard, Hiltrud und Volmar zu warnen.
„Wir brauchen eine Ausrede, warum wir doch nicht hier übernachten", sagte Hugo. „Wenn wir jetzt überstürzt aufbrechen, wird Karl sicher misstrauisch und das könnte gefährlich sein.

Pass auf, ich gehe jetzt noch mal kurz weg. Wenn ich wiederkomme, sage ich Karl und Agnes Bescheid, dass wir leider doch nicht über Nacht bleiben können, weil ich herausgefunden habe, dass die junge Dame, nach der du dich erkundigt hast, dir etwas mehr zugeneigt ist, als es ihrem Vater recht ist. Der will sie nämlich mit jemand anderem verloben."

„Dafür, dass du ein ehrlicher Mensch bist, kannst du echt gut lügen", staunte Aaron.
„Nun ja, es ist doch für einen guten Zweck", erwiderte Hugo ein wenig beschämt und verließ eilig das Zimmer. Aaron hörte ihn unten in der Schankwirtschaft ein paar unverbindliche Worte zu Karl und Agnes sagen, sah, wie er dem kleinen Georg die Haare verwuschelte, als er über den Hof ging, und wartete geduldig, bis er die Schritte seines Freundes sich wieder nähern hörte. Wieder ertönten Stimmen aus dem Schankraum.

Aaron öffnete leise die Tür und hörte, dass Hugo wie verabredet die Geschichte erzählte, die er sich ausgedacht hatte, und dann mit schnellen Schritten die Treppe hinaufkam. Weil er mitbekommen hatte, wie Hugo zu Karl sagte: „Dem Jungen muss ich erst mal ordentlich den Kopf waschen, was fällt ihm ein, einen Ritter wie mich so in Schwierigkeiten zu bringen", war er darauf gefasst, als Hugo mit Schwung die Tür aufriss und ihn unfreundlich anschrie:
„Bist du denn von allen guten Geistern verlassen, Jakob? Erzählst mir, dass du dich im nächsten Jahr mit der jungen Magdalena verloben willst? Hast du mal ihren Vater gefragt, was er davon hält? Nein? Ich will es dir sagen! Nichts hält er davon!

Er hat sie schon längst einem Jungen hier aus Lahnstein versprochen. Wir werden jetzt sofort abreisen und wehe, du leistest Widerstand, dann wirst du meine Fäuste zu spüren bekommen." Aaron war trotz allem überrascht, dass Hugo so laut brüllen konnte. „Entschuldige", flüsterte sein Freund ihm zu, „aber Karl meinte, wenn du sein Knappe wärst, würde er dir sofort den Kopf waschen, und zwar gründlich. Da musste ich ihm zustimmen. Deshalb habe ich ein wenig lauter gesprochen, damit er mich auch hört."

„Das ist dir gelungen", grinste Aaron. „Und nun nichts wie weg."
„Denk daran, dass ich dich gerade gehörig zusammengestaucht habe und dass du untröstlich bist, weil du deine Liebste nun nie mehr sehen wirst", erinnerte Hugo ihn.
„Kein Problem", grinste Aaron und verwandelte sich, sobald sie die Tür der Kammer durchschritten hatten, in ein Häuflein Elend. Als sie den Schankraum durchquerten, zog er hörbar die Nase hoch, während Hugo ihn unsanft in Richtung Hof knuffte und Karl, dem er ein paar Münzen auf die Theke warf, zurief: „Bis ein andermal."

Als sie die Stadt verlassen hatten, trieben die beiden Freunde ihre Pferde in einen scharfen Galopp. „Jetzt können die beiden edlen Rösser mal zeigen, was sie drauf haben", grinste Hugo. „Ich hoffe, wir erreichen diese Nacht noch Andernach.

Ein unfreundlicher Empfang

Hildegard, Hiltrud und Volmar waren nach einigen Stunden gemächlichen Reitens inzwischen in Andernach angekommen. Siegward und Gertrud hatten sie freundlich verabschiedet und ihnen einen Beutel mit Brot, Käse und einen wohlverschlossenen Krug Wein mit auf den Weg gegeben, damit sie sich unterwegs stärken konnten. Die Rast am Rheinufer hatte allen gut getan, vor allem Volmar, der sich einfach nicht mit der Reise auf dem Pferderücken anfreunden konnte. Wenn er nicht unbedingt hätte dabei sein wollen, während Hildegard das Rätsel um die verschwundenen Könige löste, wäre er diesmal sicher lieber auf dem Rupertsberg geblieben und hätte seine alten Knochen in die warme Sonne gehalten. Die schien zum Glück aber auch an dem schönen grünen Rheinuferstreifen, an dem sie eine Pause einlegten.

Der Empfang im Chorfrauenstift St. Marien in Andernach war dagegen eher frostig. Hildegard hatte zwar kein wirklich warmherziges Willkommen erwartet. Aber sie erstaunte doch die Unfreundlichkeit, mit der schon die Pfortenschwester sie abfertigte, als wären sie unangekündigte und dazu noch verlauste Besucher, für die sie nun mit Mühe und Not noch einen Sack Stroh in den Stall schleppen müsste, um ihnen nicht das Dach über dem Kopf zu verweigern, das jedes Kloster Durchreisenden schuldete.

„Das kann ja heiter werden", raunte sie Hiltrud zu, die angesichts der ruppigen Art der Chorfrau ebenfalls das Gesicht verzogen hatte. Nur Volmar tat, als hätte er nichts bemerkt, lobte den schönen Wuchs der Blumen, die am Rand des Klosterhofes wuchsen, und benahm sich überhaupt so, als wäre er hier hochwillkommen. Hildegard musste sich ein Lachen verkneifen. Ihr Freund hatte keineswegs übersehen, dass Tenxwind entschlossen schien, ihnen den Aufenthalt so unangenehm wie möglich zu machen. Aber Volmar war, wie sie schon bei der Aufführung ihres „Spiels der Kräfte" hatte feststellen können, ein begnadeter Schauspieler.

Die Chorfrau, die sich nicht damit aufgehalten hatte, ihnen ihren Namen zu nennen, führte sie natürlich nicht in den Stall. Das wäre dann doch zu weit gegangen. Stattdessen geleitete sie Hildegard, Hiltrud und Volmar wie erwartet in die Räume der Meisterin Tenxwind. Die Äbtissin von Andernach sah noch magerer aus als bei ihrer letzten Begegnung und machte ein Gesicht, als ob sie in eine Zitrone gebissen oder einen üblen Geruch in der Nase hätte.

„Willkommen im Stift St. Marien", schnarrte sie. Hildegard neigte leicht den Kopf und lächelte freundlich. Tenxwind hob angriffslustig ihr Kinn und starrte Hildegard an. Die aber lächelte weiter und sagte nichts. Hiltrud musste sich sehr beherrschen, um nicht loszuplatzen.

Die Sache war aber auch zu herrlich. Natürlich schrieb die Regel Benedikts vor, möglichst viel zu schweigen und daran hielt Hildegard sich normalerweise auch. Wenn sie aber merkte, dass jemand unsicher oder angespannt war, konnte sie ebenso gut unbefangen plaudern. Dass sie hier bei Tenxwind darauf verzichtete und stattdessen die wortwörtliche Befolgung der Regel vorzog, war eine kleine Bosheit und enorm wirkungsvoll.
Egal, was Hildegard gesagt hätte – Tengxswind hätte es in jedem Fall missbilligt. Dadurch, dass Hildegard schwieg, gab sie Tenxwind keine Gelegenheit, ihre Wut und ihren Ärger an ihr auszulassen.

„Nun", sagte die Chorfrau schließlich ohne ihren Ärger aus ihrer Stimme heraushalten zu können, „dann wird Griseldis euch also eure Zellen zeigen. Wann wünschst du zu predigen?"
„Eine Stunde vor der Vesper", erwiderte Hildegard, die auch jetzt kein Wort mehr verwendete, als unbedingt nötig. Die drei folgten Griseldis, deren Namen sie gerade erfahren hatten, einen Gang entlang und ließen sich drei karge Zellen zuweisen.
An dieser Stelle muss ich dir etwas erklären. Die Räume, in denen die Mönche und Nonnen wohnen, heißen Zellen, das hat aber nichts mit einem Gefängnis zu tun. Gefängnisse gab es im Mittelalter nämlich noch gar nicht. Wer im Mittelalter etwas

anstellte, musste nur so lange in den Kerker, bis das Urteil über ihn gesprochen war. Das konnten eine Geldstrafe, die Verbannung aus dem Dorf, Stockschläge oder sogar die Todesstrafe sein. Gefängnisstrafen gab es noch nicht. Darum brauchte man auch keine Gefängniszellen, es genügte ein einziger Kerker, der aber viel schlimmer war als unsere Gefängnisse heute. Er wurde nämlich nur einmal im Jahr sauber gemacht und du kannst dir sicher vorstellen, wie es dort gerochen hat.

Hildegard legte sich auf das schmale Bett der Zelle und streckte genießerisch ihre Beine aus. Es tat gut, ein wenig zu ruhen und darüber nachzudenken, was sie später in der Kirche predigen würde. Sie war erstaunt darüber, wie verbittert Tenxwind gewirkt hatte. Die tiefen Falten um ihren Mund waren nach unten gezogen wie bei einem Menschen, der glaubte, alle gegen sich zu haben und niemals das zu bekommen, was er verdiente. Die Meisterin tat Hildegard leid. Als es eine Weile später klopfte, schrak Hildegard zusammen. Sie war doch tatsächlich eingeschlafen. Na gut, so war sie wenigstens richtig ausgeruht. Hildegard rief „Ave", und Hiltrud kam herein. Sie setzte sich auf den Hocker, der vor dem kleinen Tisch stand.

„Was hältst du von ihr?", fragte sie. Hildegard musste sich nicht erkundigen, wen Hiltrud meinte, es war klar, dass sie von Tenxwind sprach.
„Sie ist verbittert, unzufrieden, einsam", meinte Hildegard. „Ihr unfreundliches Verhalten hat nicht nur damit zu tun, dass wir uns darüber uneinig sind, wie Nonnen sich im Gottesdienst anzuziehen haben."

„Das denke ich auch", bestätigte Hiltrud. „Volmar hat sich ein wenig umgesehen", fuhr sie fort. Unter dem Vorwand, nach unseren Pferden zu sehen, ist er in den Stall gegangen."

Hildegard prustete los. „Das ist ja geradezu todesmutig", lachte sie. „Im Stall stehen außer unseren dreien noch zwei weitere Gastpferde", fuhr Hiltrud fort. „Volmar hat den Knecht gefragt, ob zurzeit noch andere Gäste im Kloster weilen, und siehe da, er erfuhr, es seien zwei befreundete Kleriker zu Gast. Er konnte ihm die beiden sogar zeigen, weil sie nicht weit vom Stall in der Sonne spazieren gingen."

„Jetzt machst du mich aber neugierig", sagte Hildegard und setzte sich auf.
„Es war ein langer dünner Mann mit blonden Haaren in Begleitung eines kleinen Schwarzhaarigen mit einer gebrochenen Nase."
„Das schlägt dem Fass den Boden aus", murmelte Hildegard fassungslos. „Was um alles in der Welt machen die beiden hier?"

Eine Predigt und eine Erleuchtung

„Das haben Volmar und ich uns auch gefragt", versetzte Hiltrud.
„Wenn Lothar oder Laurentius oder wie auch immer er heißt, und dieser Wipo hier sind, heißt das doch, dass die Reliquien ebenfalls im Kloster sein müssen."
„Es ist zumindest sehr wahrscheinlich", bestätigte Hiltrud. „Was meinst du, soll ich mich mal umsehen?"
„Ja", sagte Hildegard, „aber bring dich nicht in Gefahr. Am besten wird es sein, wenn du dich während meiner Predigt unauffällig davonschleichst."
„Jetzt könnten wir Hugo und Aaron brauchen", seufzte Hiltrud. „Wir beide werden allmählich zu alt für solche Spiele."
„Vielleicht haben wir Glück und die beiden stoßen bald zu uns", meinte Hildegard tröstend. „Jetzt ist es jedenfalls Zeit, in die Kirche zu gehen. Wir wollen die Leute doch nicht warten lassen."

In der Marienkirche war es rappelvoll. Von überall her waren die Menschen zusammengeströmt, als sie gehört hatten, dass die berühmte Äbtissin vom Rupertsberg heute predigen würde. Tenxwind hatte sich zwar keine Mühe gegeben, die Nachricht zu verbreiten, aber dafür hatten schon ihre Schwestern, die Knechte und Mägde des Chorfrauenstiftes gesorgt. Tenxwind hatte Hildegard kurz begrüßt und dann auf ihrem Äbtissinnenstuhl Platz genommen.

Dafür, dass sie so darauf herumritt, Nonnen müssten in strenger Armut leben und dürften nichts besitzen, war ihr Stift nicht schlecht ausgestattet. Ihr Stuhl war aus glänzend poliertem edlen Holz mit wunderschönen Einlegearbeiten, schlicht, aber kostbar. Hildegard warf einen Blick auf die untere Hälfte des kastenförmigen Stuhls und bewunderte die sorgfältig ausgeführten Schnitzarbeiten. Sie würde Tenxwind fragen, welchen Handwerker sie damit beauftragt hatte. Wie immer, wenn Hildegard eine Predigt begann, wurde es schnell still in der Kirche. Sie sprach an diesem Abend darüber, wie es ist, Gott zu loben. Es fiel der alten Nonne schwer, sich zu konzentrieren. Tenxwind rutsche nervös auf ihrem Äbtissinenstuhl hin und her und schien sich in ihrer Haut absolut nicht wohlzufühlen. Hiltrud hatte sich unauffällig davongeschlichen, als Hildegard die Zuhörer in ihren Bann gezogen hatte, aber Hildegard konnte Wipo nicht entdecken, den sie zu Beginn ihrer Predigt neben einer Säule ausgemacht hatte. Lothar hingegen war noch da und hörte ihr scheinbar aufmerksam zu. Hildegard merkte aber, dass er sich immer wieder suchend umsah und zugleich starr den Blick auf Tenxwind geheftet hatte.

Hildegard hatte den Menschen gerade erklärt, dass es verschiedene Arten gab, Gott zu loben, und dass der eine es mehr wie eine Posaune, der andere mehr wie eine Flöte und wieder einer es mehr wie eine Harfe tat. Alle zusammen bildeten die große schöne Symphonie des Gotteslobes, zu der jeder seinen Ton beisteuerte. Das Bild gefiel den Menschen, das merkte Hildegard. Nach der Predigt wollten wie immer viele mit Hildegard sprechen. Die alte Nonne hatte damit gerechnet, dass Tenxwind ihr zu diesem Zweck ihren Äbtissinnenstuhl anbieten und sich schon mal zurückziehen würde, aber die Chorfrau blieb wie festgeklebt sitzen und ließ Hildegard einfach in der Kirche stehen.

Hildegard versuchte, so aufmerksam wie sonst den Sorgen und Nöten zuzuhören, die hier in der Marienkirche vor ihr ausgebreitet wurden, und jedem einen guten Rat zu geben, aber so gut wie sonst wollte es ihr nicht gelingen. Lothar stand immer noch hinten in der Kirche und starrte Tenxwind an. Genauer gesagt, dachte Hildegard, starrte er eigentlich ihren Stuhl an. Warum nur?

Ungefähr eine Stunde nach der Vesper hatten Hildegard, Hiltrud und Volmar gemeinsam mit Tenxwind gegessen und sich angeblich in ihre Zellen zurückgezogen. Tatsächlich aber hockten Hiltrud und Hildegard auf deren Bett und Volmar hatte auf dem Hocker Platz genommen.

„Ich habe die Zelle von Tenxwind durchsucht – nichts", stöhnte Hiltrud enttäuscht. „Wenn die Reliquien hier im Kloster sind, wird sie sie doch nicht ausgerechnet in ihrer Zelle aufbewahren."
„Wo dann?", fragte Volmar.

„In der Kirche", meinte Hildegard, „da gehören sie schließlich hin."
„Warum glaubst du eigentlich auf einmal, dass Tenxwind etwas mit der Sache zu tun hat?", fragte Hiltrud. „Ich meine, was bringt es ihr, Reliquien zu klauen, die sie niemals öffentlich zeigen kann, und wie ist sie überhaupt in den Besitz der Heiligen Drei Könige gekommen?"

„Wie die Könige zu ihr gekommen sind, weiß ich auch nicht, aber ich kann mir denken, warum sie die Reliquien unbedingt haben will", sagte Hildegard.
„Und warum?", fragten Hiltrud und Volmar wie aus einem Mund.
„Weil sie so verbissen und unglücklich ist", antwortete Hildegard. „Menschen mit wenig Selbstbewusstsein versuchen oft, sich bedeutende Dinge zu verschaffen, um sich besser zu fühlen."

Das kennst du bestimmt auch. Sicher gibt es auch in deiner Klasse Mädchen oder Jungen, die glauben, sie seien etwas Besonderes, weil sie einen Schulkoffer haben, auf dem ein Markenname draufsteht, oder die meinen, sie seien besser als du, weil ihre Jeans mehr gekostet hat als deine.
„Ich hab´s!", rief Hildegard plötzlich aus.
„Was?", fragten Hiltrud und Volmar entgeistert.
„Ich weiß jetzt, wo die Reliquien sind!"

„Und wo?", fragte Hiltrud gespannt.
„In dem Kasten unter Tenxwinds Äbtissinnenstuhl", sagte Hildegard entschieden. „Ich habe mich während meiner Predigt die ganze Zeit gefragt, warum Tengxswind so furchtbar hibbelig ist.

Auch wenn man berücksichtigt, dass sie mich nicht ausstehen kann, war sie einfach viel zu nervös. Und dann war da dieser Lothar in der Kirche. Er hat die ganze Zeit in ihre Richtung gestarrt, aber nicht in ihr Gesicht, sondern unten auf ihren Stuhl. Es sah aus, als wollte er auf irgendetwas aufpassen."

„Wir sollten bis Mitternacht warten", meinte Volmar, „und dann in die Kirche schleichen und nachsehen."
„Einverstanden", sagte Hildegard.

Ein nächtlicher Fund

Hugo und Aaron waren wie die wilde Jagd den Rhein entlanggeritten und sie hatten Glück. Reinhold, der Fährmann, war gerade auf ihrer Uferseite, als sie auf der Höhe von Boppard angekommen waren. Schnell brachten sie ihre Pferde zurück in die Wirtschaft, bezahlten den Wirt und stürmten zum Fluss, um so schnell wie möglich ans andere Ufer zu gelangen.

I „Ihr habt´s aber eilig", brummte Reinhold, als Aaron mit seinem Sprung in das Boot den kleinen Kahn fast zum Kentern gebracht hätte.
„Das haben wir in der Tat. Wir müssen noch heute nach Andernach, sonst ist Hildegard in Gefahr", sagte Hugo. Reinhold machte große Augen und begann, mit aller Kraft zu rudern. Tatsächlich schlug das Boot schon wenig später am anderen Ufer an. Hugo dankte dem Fährmann und entlohnte ihn großzügig, während Aaron sich schon auf den Weg in die Wirtschaft gemacht hatte, um bei Hans Hugos Pferd und sein Maultier abzuholen. Ein wenig bedauerte er es, nun kein Knappe mehr zu sein, aber andererseits hatte das Leben als Kaufmann auch seine guten Seiten. Die Freunde verloren keine Zeit und galoppierten, so schnell es nur ging, weiter in Richtung Andernach. Dennoch hatte sich die Sonne schon eine Weile hinter den Bergen zurückgezogen, als sie am Chorfrauenstift angelangten.

Zum Glück hatte Hiltrud daran gedacht, Griseldis Bescheid zu geben, dass ihre Begleiter heute Abend noch eintreffen würden, und so wurden sie, wenn auch widerstrebend, von der Chorfrau hereingelassen. Schlafen sollten sie bei ihren Tieren im Stall und die Pförtnerin machte sich keine Mühe, ihnen etwas zu Essen zu bringen. Aaron hatte gerade angeboten, in die Küche zu schleichen, um ihnen noch ein wenig Brot, Käse und Wasser zu besorgen, als Volmar aus dem Schatten auf sie zutrat.
„Mensch, hast du mir einen Schrecken eingejagt", japste Aaron. Volmar legte ihm begütigend seinen Arm auf die Schulter und machte „Psst". „Na, habt ihr etwas herausgefunden?", fragte er leise.

„Das kann man wohl sagen", erwiderte Hugo im Flüsterton. „Lothar und Wipo waren in Lahnstein. Lothar hat dort gepredigt. Die beiden haben in der Wirtschaft übernachtet und Lothar hat da etwas verloren, was ihm sehr wichtig war."
Aaron nestelte seinen Beutel auf und holte das Kreuz heraus. Volmar betrachtete das Schmuckstück nachdenklich. Es dauerte nicht lange, bis er trotz des trüben Lichts, das die Stalllaterne warf, darauf aufmerksam wurde, dass das Kreuz zugleich ein Medaillon war.

„Es war ein Stück Pergament darin", sagte Hugo, als Volmar das Kreuz aufklappte. „Dieses hier", er reichte dem alten Priester das kleine Schriftstück und der las:
„Reges in monasterium sanctae Mariae Andernacensis habitant. Die Könige wohnen im Kloster der heiligen Maria von Andernach. Das passt ja ganz wunderbar", sagte Volmar erfreut.
„Du wirkst nicht besonders überrascht", meinte Hugo ein wenig enttäuscht.

„Hildegard ist selbst darauf gekommen, dass sie sich geirrt hat, als sie annahm, die Reliquien würden nach Köln gebracht", sagte der Mönch und erzählte, was er, Hiltrud und Hildegard inzwischen erlebt hatten. „Wir glauben", flüsterte er, „dass die Reliquien im Äbtissinnenstuhl von Tenxwind versteckt sind." Und er erzählte den beiden, wie Hildegard Lothar beobachtet hatte, der unentwegt auf die untere Hälfte des Stuhles der Meisterin gestarrt hatte. „Wenn wir nicht annehmen wollen, er habe nur ihre hübschen Schuhe bewundert, spricht einiges dafür, dass die Reliquien sich genau dort befinden."

„Und wann wollen wir sie holen?", fragte Hugo, der wie immer praktisch dachte.

„Um Mitternacht", sagte Volmar. „Dann, wenn hoffentlich alle hier schlafen. Wir treffen uns in der Kirche."

„Gut", stimmten Hugo und Aaron zu. Keiner von ihnen bemerkte den Schatten des kleinen Mannes, der in die dunkelste Ecke des Stalles huschte, während Volmar in seine Zelle zurückging.

Hugo und Aaron schlichen sich schon lange vor Mitternacht in die Kirche. Sie waren viel zu unruhig, um es im Stall auszuhalten. Hugo hatte sein Schwert mitgenommen, und bevor die beiden sich auf den Weg machten, hatte er ein zweites, kürzeres Schwert aus seinem Reisebeutel geholt. „Nimm das", hatte er zu Aaron gesagt. „Sicher ist sicher."

Aaron war froh, dass man in der Dunkelheit des Stalles nicht hatte sehen können, dass er vor Stolz knallrot angelaufen war. Er hatte das Kurzschwert umgeschnallt und sich an dem ungewohnten Gewicht an seinem Gürtel erfreut. Die beiden lehnten sich an eine Säule in der Nähe des Altarraumes und warteten auf Hildegard, Hiltrud und Volmar. Es kam ihnen endlos vor, bis sie endlich leise Schritte hörten, die sich aus der Richtung näherten, aus der die Chorfrauen immer die Kirche betraten.

Hiltrud hatte einen Docht mitgebracht, ganz ähnlich dem, den Hugo, Karl, Wulfhard und Adalbert dabei gehabt hatten, als sie die Könige in Mailand stahlen. Hugo konnte gar nicht fassen, was seitdem alles passiert war. Nun war er dabei, die Gebeine ein zweites Mal von Nahem zu sehen. Hiltrud entzündete den Docht am ewigen Licht und die Fünf gingen langsam zum Stuhl der Magistra. „Schau mal nach, ob du den Kasten öffnen kannst", forderte Hildegard Aaron auf. Der ließ seine Hände über das Schnitzwerk gleiten. Nach einer Weile hörten sie ein leises Klicken und die vordere Holzplatte öffnete sich wie eine Tür. Aaron stand auf. Er ging ein wenig zur Seite. Volmar bückte sich und ließ seine Hände tastend in den Innenraum des Stuhles gleiten. Als er sie wieder hervorzog, hatte er einen Beutel in den Händen.

„Das sind sie", entfuhr es Hugo. „Das sind die Heiligen Drei Könige".

Hildegard in Gefahr

Hildegard war ein wenig beiseitegetreten. Ihr war ein bisschen schwindelig. Die Belastungen der Reise und die Aufregung machten sich bemerkbar.
Sie lehnte sich an die Vorderseite des Chorgestühls, in dem die Augustinerinnen bei den Gebeten saßen.

Plötzlich wurde sie nach hinten gerissen und spürte eine kalte Klinge an ihrem Hals. „Lasst den Beutel fallen und verschwindet. Sonst seht ihr eure Äbtissin nicht lebend wieder", erscholl eine laute Stimme, die in der Kirche gespenstisch widerhallte. Volmar ließ vor Schreck wirklich den Beutel fallen, der klappernd auf dem Steinboden der Kirche aufschlug. Es herrschte nun völlige Dunkelheit. Hiltrud hatte den Docht fallen lassen und tastete nun auf dem Boden nach dem wachsumhüllten Stück Schnur. Als sie ihn nach einer Weile gefunden hatte, entzündete sie ihn mit zitternden Händen wieder, nur um zu sehen, dass Volmar gerade von einem kleinen, schwarzhaarigen Mann zu Boden gestoßen wurde. Er riss den Beutel an sich und wollte in Richtung Kirchenschiff fliehen. Doch da stellte sich ihm Hugo in den Weg.

„Mach keinen Ärger, junger Ritter, das empfehle ich dir. Du willst doch wohl nicht schuld sein, wenn der berühmten Äbtissin etwas zustößt?"

In diesem Augenblick rumpelte es im Chorgestühl, als ob ein Erdbeben über die Kirche hereinbrechen würde. Es gab ein Handgemenge und man hörte einen Gegenstand laut klappernd zu Boden fallen. Aaron hatte die Dunkelheit genutzt, um sich seitlich in das Chorgestühl zu schleichen, hatte Lothar so geschickt geschubst, dass er zur Seite gefallen war, und sich anschließend auf ihn gesetzt und ihm sein Kurzschwert an die Kehle gehalten.
„Pass du lieber auf, dass dir nichts passiert, du Nachtwächter", sagte Aaron ein wenig atemlos. Wipo hatte versucht, den Über-

raschungsmoment auszunutzen und mit dem Beutel an Hugo vorbei aus der Kirche zu gelangen. Der junge Ritter war aber viel zu gut ausgebildet, um auf so einen einfachen Trick hereinzufallen. Er stellte Wipo lässig ein Bein und fing geschickt den Beutel auf, während der ehemalige Kaplan zu Boden ging.
Volmar hatte sich inzwischen aufgerappelt und war zu Hildegard geeilt. „Alles in Ordnung?", fragte er besorgt.
„Alles bestens", erwiderte sie mit einem etwas schwachen Lächeln und setzte sich auf die Steinstufen des Altarraumes.
Hugo und Aaron machten sich nützlich, fesselten die beiden Diebe und verfrachteten sie ins Chorgestühl, wo Volmar und Hugo sich rechts und links von ihnen aufstellten, damit die beiden ja nicht auf den Gedanken kamen, sie hätten eine Chance zu fliehen.

„So", sagte Hildegard, „wo wir hier gerade alle so gemütlich beisammen sind, möchte ich doch gerne mal wissen, wer sich diese ganze Geschichte ausgedacht hat und vor allem warum."
„Und ich möchte wissen", sagte Hugo zu Lothar gewandt, „ob du nun Lothar oder Laurentius heißt und ob du ein Mönch oder ein Katharer bist."

Es dauerte fast die halbe Nacht, bis die fünf endlich genug von Wipo und Lothar gehört hatten, um sich den Rest selbst zusammenzureimen. Dass Wipo wütend war, weil Rainald ihn entlassen hatte, wussten sie ja schon. Laurentius alias Lothar war wirklich ein Mönch gewesen. Auch er hatte einen guten Grund gehabt, sauer auf Rainald zu sein, bei dem er einst als Knappe gedient hatte. Er hatte aber leider Probleme damit gehabt, zu tun, was Rainald von ihm wollte, und wenn den etwas nervte, waren es Knappen, auf die er sich nicht verlassen konnte. Deshalb hatte er Lothar, dessen Eltern arm und deshalb froh gewesen waren, ihn bei Rainald in guten Händen zu wissen, in ein Kloster abgeschoben, damit er dort das Gehorchen lernen könne. Lothar war dort auch einige Jahre gewesen, aber dann hatte ihm das karge Leben, zu dem der strenge Abt die Mönche verpflichtete, nicht mehr zugesagt und er war eines Nachts weggelaufen.

Nachdem er sich eine Weile in Köln herumgetrieben hatte, war er mit den Katharern in Kontakt gekommen. Die hatten sein Talent zu schätzen gewusst und ihn zum Prediger gemacht. Lothar hatte sich nämlich früher immer mit fantasievollen Geschichten herausgeredet, wenn es darum ging, zu begründen, warum er einen Auftrag nicht ausgeführt hatte.
„Aber warum hat Rainald dich nicht wiedererkannt, als Hugo und seine Freunde dich ins Lager des Kaisers geschleppt haben?", fragte Hildegard erstaunt.
„Weil die wenigsten Herren sich die Mühe machen, ihre Untergebenen kennenzulernen. Sie behandeln uns wie Sachen. Manche würden eher ihr Pferd wiedererkennen als ihre Knappen", sagte Hugo.

„Das stimmt", bestätigte Lothar. „Ich hatte mächtig Angst, wiedererkannt zu werden, aber Rainald hatte überhaupt keine Ahnung, wen er vor sich hatte. Die Sache war mir aber trotzdem zu gefährlich. Deshalb bin ich mit den Reliquien auch so schnell wie möglich abgehauen."

Eine unglaubliche Geschichte und ein gutes Ende

„Aber wieso bist du überhaupt in der Georgskirche gewesen?", fragte Hugo.
„Ich wollte dort dasselbe wie ihr", grinste Lothar, „die Reliquien klauen."
„Aber warum?", fragten Hildegard, Hiltrud und Volmar wie aus einem Mund.
„Wegen Tenxwind", erwiderte Lothar.
„Das verstehe ich nicht", sagte Hildegard erstaunt. „Was hat Tenxwind damit zu tun?"

„Damals, als ich als Katharer unterwegs war, lernte ich Wipo kennen", sagte Lothar mit einem Seitenblick auf seinen Reisegefährten. „Wir hatten etwas gemeinsam, unseren Ärger auf Rainald. Wir beschlossen, zusammen zu reisen, und gaben uns mal als Katharer, mal als Mönche aus. Manchmal reiste Wipo auch als Kleriker und ich als Katharer, je nachdem, wie es sich gerade ergab. Als wir auf unserem Weg nach Italien hier im Stift St. Maria einkehrten, erwischte Tenxwind Wipo beim Klauen. Sie war unglaublich wütend und wollte ihn bei Rainald anzeigen, als dessen Kaplan Wipo sich ihr vorgestellt hatte. Ich habe versucht, sie zu beschwichtigen. Sie erschien mir wie eine Frau, die von allem zu wenig hat. Deshalb schlug ich ihr einen Handel vor. Wir würden ihr ein paar bedeutende Reliquien mitbringen, wenn sie Wipo ungeschoren ziehen lassen würde. Ich war ehrlich gesagt ziemlich erstaunt, dass sie sich darauf eingelassen hat. Schließlich konnte sie nicht wissen, ob wir jemals zurückkehren würden. Aber sie glaubte uns und so reisten wir nach Mailand, in die Stadt, von der Wipo mir erzählte, dass dort die Heiligen Drei Könige verehrt würden. Ich habe erst nicht begriffen, warum er Tenxwind ausgerechnet die Könige mitbringen wollte, aber dann erklärte Wipo es mir. Er hatte nämlich, als er noch in Rainalds Kanzlei arbeitete, mitbekommen, wie der den Plan ausgeheckt hatte, die Reliquien der Könige aus Mailand mitzubringen, wenn er und der Kaiser die Stadt endlich besiegt hätten. Rainald fand wohl, die Könige wären gut für Köln, gut für seinen Dom und gut für ihn. Rainald das unter der Nase wegzustehlen, was er so dringend haben wollte, hielten Wipo und ich für eine gute Idee. Und Tenxwind hatte sich richtig in den Plan verliebt. Sie hat mir sogar ein Katharerkreuz mit einem Pergament drin besorgt. Das war vielleicht ein Ärger, als ich das Ding in Lahnstein verloren habe."

Lothar wirkte ein wenig zerknirscht, Hugo und Aaron grinsten. Hildegard dagegen sah nachdenklich aus. „Was für ein Schlamassel", sagte sie nach einer Weile. „Wie kommen wir da nur wieder gut heraus?" Alle schwiegen und die Stille senkte sich wie ein warmer Mantel über die dunkle Kirche.
Hildegard stützte den Kopf in die Hand und überlegte. Plötzlich hellte sich ihr Gesicht auf. „Lothar", fragte sie, „möchtest du so weiterleben wie bisher oder meinst du, es wäre eine gute Idee, dein Leben zu ändern?"

„So wie bisher geht es nicht weiter", gab der Mönch zu. „Immer auf der Flucht, mal Mönch und mal Katharer – das ist anstrengend und Spaß macht es auch nicht".
„Glaubst du denn an das, was du als Katharer gepredigt hast?", fragte Hildegard.
„Um Himmels willen", wehrte Lothar ab, „ich esse und trinke gern. Dem Gedanken, dass ich heilig werde, wenn ich absichtlich verhungere, kann ich nun wirklich nichts abgewinnen."
„Du bist stark", sagte Hildegard. „Einen starken Knecht könnte ich in meinem Kloster noch brauchen. Was das Essen angeht, brauchst du dir keine Sorgen zu machen. Unsere Cellerarin Gisela kocht ganz vorzüglich."
„Das kann ich bestätigen", warf Hugo ein, der das Gespräch mit wachsendem Erstaunen verfolgt hatte.
„Dann ist das abgemacht", sagte Hildegard. „Du fängst ein neues Leben an, und damit das auch klappt, passen wir ein bisschen auf dich auf." Dann wandte sie sich Wipo zu, der wie ein Häufchen Elend in seinem Chorstuhl zusammengesunken war. „Was ist mit dir?", fragte sie ihn leise.

„Was soll schon mit mir sein?", sagte Wipo. „Mich will doch sowieso keiner haben."

„Das würde ich mal drauf ankommen lassen", meinte Hildegard. „Mein Propst Volmar hier", sie deutete auf ihren Reisegefährten, „kriegt langsam schlechte Augen. Er gibt das nicht so gerne zu, aber nach zwei Stunden schreiben werden sie immer ganz rot. Er könnte einen kundigen Kaplan brauchen, der ihn dabei unterstützt, mein Werk aufzuschreiben."

Wipo sah aus, als ob Weihnachten, Ostern und Pfingsten auf einen Tag gefallen wären. „Dddddu wwwilst mmmich hhhaben?", stotterte er entgeistert und strahlte dabei so sehr, dass es in der Kirche wahrhaftig ein wenig heller wurde.

„Ich will dich haben", bestätigte Hildegard, „und Gott auch."
Da fing Wipo doch wirklich an zu weinen und weinte alles aus sich heraus, was er verkehrt gemacht hatte.

„Gut", sagte Hildegard zufrieden, als er sich wieder beruhigt hatte, „das wäre also abgemacht. Jetzt müssen wir nur noch Tenxwind mitteilen, dass sie künftig nicht mehr auf den Heiligen Drei Königen Platz nehmen kann, sondern sich mit einem einfachen Äbtissinnenstuhl begnügen muss."

Wie Hildegard die Angelegenheit mit Tenxwind regelte, hat sie uns nie erzählt. Aber als die Meisterin uns am anderen Tag verabschiedete, sah sie beinahe ein wenig froh aus und das ist fast mehr, als man von ihr erwarten konnte. Hildegard musste ihr wohl versprochen haben, niemandem zu erzählen, wie sie in die Sache mit den Drei Königen hineingeraten und wieder herausgekommen war. Hildegard reiste am nächsten Morgen mit

Hiltrud und Hugo weiter in Richtung Köln, wo sie eine bemerkenswerte Predigt gegen die Katharer hielt und auch den Klerikern tüchtig die Leviten las. Irgendwo am Rande einer solchen Predigt sorgte Hugo dafür, dass die Drei Könige sicher in den Kölner Dom gelangten, wo du sie bis heute besichtigen kannst. Volmar dagegen ritt mit Aaron, Lothar und Wipo auf den Rupertsberg zurück.

Einige Zeit später, als Hildegard schon längst wieder zu Hause in ihrem Kloster war, klopfte wieder einmal ein Besucher an die Tür. „Hugo", rief Schwester Odilia erstaunt und vergaß ganz „Gelobt sei Jesus Christus" zu sagen. Der junge Ritter brachte auch diesmal eine Botschaft von Kaiser Friedrich Barbarossa. Es war ein Pergament, auf dem der Herrscher Hildegard fest versprach, dass ihr Kloster von nun an immer unter seinem persönlichen Schutz stehen würde.

Als Hildegard am Abend dieses Tages mit Volmar und Hiltrud zusammensaß, zeigte sie ihnen das Blatt und sagte: „Da haben die Heiligen Drei Könige uns also am Ende den Schutz unseres heutigen Königs gebracht. Mit seinem Schutz und dem Schutz Gottes kann uns nun ja nicht mehr viel passieren."
„Hoffen wir´s", meinte Hiltrud trocken und Volmar ergänzte: „Solange du nicht wieder auf irgendwelche gefährlichen Reisen gehst."

„Och", sagte Hildegard „wer weiß … "

Der Faktencheck

Du willst nun sicher wissen, ob die Geschichte, die ich dir hier erzählt habe, wirklich wahr ist oder ob ich sie mir ausgedacht habe. Darauf kann ich mit einem klaren „Sowohl-als-auch" antworten. Das Meiste, was du in diesem Buch gelesen hast, ist genau so geschehen. Hildegard zum Beispiel gab es wirklich, sie hatte Visionen, ist auf Predigtreise gegangen, hat Friedrich Barbarossa in der Pfalz von Ingelheim besucht und von ihm im Jahr 1163 eine Schutzurkunde für ihr Kloster erhalten.

Volmar und Hiltrud haben mit Hildegard in ihrem Kloster auf dem Rupertsberg gelebt und eng mit ihr zusammengearbeitet. Kaiser Friedrich Barbarossa hat wirklich die Gebeine der Heiligen Drei Könige aus Italien mit nach Deutschland gebracht und sie seinem Freund und engsten Mitarbeiter Rainald von Dassel geschenkt. Sie waren gewissermaßen Teil der Kriegsbeute, weil Friedrich die Mailänder besiegt hatte. Trotzdem durfte er sie nicht einfach so mitnehmen, weil sie eigentlich der Kirche gehörten. Friedrich ließ die Reliquien im Jahr 1162 aus dem Turm der St.-Georgs-Kirche holen, wohin die Mailänder sie bei der ersten Belagerung der Stadt in Sicherheit gebracht hatten. Das Komische ist, dass sie erst zwei Jahre später in Köln ankamen. Das hat mich dazu gebracht, darüber nachzudenken, wo sie in der Zwischenzeit wohl gewesen sein mögen. Es kam mir seltsam vor, dass irgendein Ritter zwei Jahre lang die Heiligen Drei Könige in seiner Satteltasche mit sich herumgetragen haben soll. Darum dachte ich, es kann doch sein, dass sie zwischendurch ein zweites Mal gestohlen worden sind. Das wäre für Friedrich sicher so peinlich gewesen, dass er alles getan hätte, um die Sache zu vertuschen. Und patent, wie der Kaiser war, hätte er sicher Helferinnen und Helfer gefunden, die ihn bei der Suche nach seinen heiligen Kollegen unterstützt hätten.

Bei Tenxwind von Andernach muss ich mich entschuldigen. Sie hat mit der ganzen Verschwörung, die sich rund um die Heiligen Drei Könige ereignete, überhaupt nichts zu tun. Auch den unfreundlichen Empfang, den sie Hildegard bereitet hat, habe ich erfunden. Tengxswind war zu der Zeit, in der Hildegard in Andernach gepredigt hat, nämlich gar nicht mehr Meisterin des Damenstiftes. Sie leitete die Gemeinschaft von 1127–1149, ihr folgten Guda, Bensuetis, Hedwig von Isenburg und Gerbergis von Waldeck, die Hildegard bei ihrem Besuch bestimmt freundlich willkommen geheißen hat. Ich konnte aber der Versuchung nicht widerstehen, der strengen und, wie ich finde, ein wenig besserwisserischen Tenxgwind die Rolle des weiblichen Bösewichts zu geben. Ich hoffe, sie nimmt es mir nicht übel.

Hugo, Karl, Wulfhard, Adalbert, Ezra, Aaron und all die anderen, die in der Geschichte vorkommen, habe ich mir ausgedacht. Sie denken, reden und handeln aber wie Menschen, die wirklich gelebt haben.

**Falls du diese Wörter nicht kennst,
kannst du hier nachschlagen, was sie bedeuten:**

Propst heißt übersetzt Vorsteher und ist ein Priester, der eine leitende Stellung hat.

Knappe ist der Name für einen Ritterlehrling.

Reliquien sind die Überreste heiliger Menschen, die schon gestorben sind, also Knochen der Verstorbenen oder etwas, das ihnen gehört hat.

Cellerarin nennt man die Wirtschaftsleiterin eines Klosters. Sie sorgt dafür, dass alle genug zu essen haben, die Gebäude in Ordnung sind und die Sachen, die das Kloster herstellt, für einen gerechten Preis verkauft werden.

Lintearium nennt man den Teil der Klosters, wo die Kleidung genäht und in Ordnung gehalten wird.

Exkommunikation ist der Name für das Verbot, an der Kommunion teilzunehmen. Dieses Verbot ist die strengste Strafe der Kirche für alle, die eine schwere Sünde wie z. B. einen Mord begehen.

Die Zunft ist ein Zusammenschluss von Handwerkern. In der Zunft können sie gemeinsam ihre Interessen vertreten, Qualitätsstandards für ihre Produkte festlegen und Feste feiern. Im Mittelalter sorgten die Zünfte auch für die Familien ihrer Mitglieder. Wenn ein Zunftmitglied starb, kümmerte sich die Zunft um dessen Frau und Kinder.

Ein Tagelöhner ist ein Mensch, der seinen Lohn jeweils am Ende des Tages ausgezahlt bekommt. Tagelöhner haben oft nur eine Zeit lang gearbeitet, z. B. bei der Ernte, wenn mehr Arbeiter gebraucht wurden als sonst.

Kirchenbann ist ein anderes Wort für Exkommunikation.

Ein Büßergewand trugen im Mittelalter alle, die eine Buße öffentlich ableisten mussten. Das Büßergewand war aus besonders kratziger Wolle gewebt. Schließlich sollte man das Tragen des Gewandes ja als Strafe empfinden. Außerdem sah es nicht gerade vorteilhaft aus.

Äbtissin heißt übersetzt Mutter und ist der Titel der Leiterin eines Klosters. Hildegard wurde als erste Äbtissin genannt. Vorher hießen die Leiterinnen der Frauenklöster Magistra. Das heißt Meisterin.

Auf **Pergament** hat man früher geschrieben so wie wir heute auf Papier. Pergament wird aus den Häuten von Kühen oder Kälbern gemacht. Dafür muss man die Häute einweichen und das Fell sorgfältig abschaben. Zur Zeit Hildegards wurde auch schon Papier aus alten Stoffresten hergestellt, aber es war noch sehr selten und die Klöster und Kanzleien verwendeten alle Pergament.

Die **Vor- und die Nachhut** sind Soldaten, die ein wenig vor und ein wenig hinter dem Hauptheer marschieren. Sie sorgen für die Sicherheit des Heereszuges und warnen ihre Kameraden vor Gefahren.

Geldkatze ist der mittelalterliche Name für ein Portemonnaie.

Orakel ist ein anderes Wort für Weissagung. Bei den alten Griechen gab es ein besonders wichtiges Orakel in Delphi. Dort saß eine Priesterin auf einer Erdspalte, aus der Dämpfe hervordrangen, die eine berauschende Wirkung hatten, und die Priesterin antwortete auf die Fragen der Gläubigen. Es gibt auch noch andere Formen von Orakeln. Die Priesterinnen der alten Germanen warfen zum Beispiel Knochen auf ein Tuch und sagten aus dem Muster die Zukunft voraus.

Visionen zu haben bedeutet, Bilder zu sehen, die andere nicht sehen können.

Eine **Amme** ist eine Frau, die gegen Bezahlung das Kind einer anderen Frau stillt. Im Mittelalter gab es noch keine Babynahrung. Deshalb entschieden sich viele Frauen, die es sich leisten konnten, eine Amme zu engagieren, um unabhängiger zu sein.

Eine **Blesse** ist ein anders gefärbtes Stück Fell an der Stirn einer Kuh oder eines Pferdes.

Novizinnen sind Nonnen, die das Nonnesein noch üben.

Taverne nannte man in der Antike und im Mittelalter kleine Gasthäuser.

Galgant ist ein pfeffrig schmeckendes Gewürz, das sehr gut für den Magen ist.

Der **Sabbat** ist der Ruhetag der Juden. Sie ruhen sich am Samstag aus, während die Muslime den Freitag und die Christen den Sonntag als Ruhetag haben.

Chanukka ist ein jüdisches Lichterfest, bei dem die Kinder Geschenke bekommen.

Haftara nennt man die öffentliche Lesung aus den biblischen Prophetenbüchern am Sabbat oder an anderen wichtigen jüdischen Festtagen.

Komplet heiß übersetzt Erfüllung und ist der Name für das Nachtgebet der Mönche und Nonnen.

Ein Chorherrenstift ist ein Kloster, in dem die Mönche zugleich Priester sind. Chorherrenstifte gab es früher oft an Domkirchen, weil dort viele Priester zusammenlebten.

Tonsur ist der Name für ein kreisförmig ausrasiertes Stück am Hinterkopf. Im Mittelalter galt die Tonsur als optisches Erkennungsmerkmal der Mönche.

Klönschnack ist ein plattdeutsches Wort für eine richtig gemütliche Unterhaltung.

Synode bedeutet: Die Wege kommen zusammen. Es ist das Fachwort für die Versammlungen von Bischöfen.

Klerus ist der Sammelbegriff für alle Priester.

Kleriker ist ein anderes Wort für Priester.

Bibliografische Information der Deutschen Nationalbibliothek.
Die Deutsche Nationalbibliothek verzeichnet diese Publikation in der
Deutschen Nationalbibliografie; detaillierte bibliografische Daten sind
im Internet über http://dnb.d-nb.de abrufbar.

Impressum

Die Geheimschrift
Autorin: Dr. Barbara Stühlmeyer
Lektorat und Korrektorat: Antje Kluth, Düsseldorf
Layout, Satz und Grafiken: Der Grafik-Kraemer, Wesel
Titelgestaltung: Yvonne Hoppe-Engbring, Steinfurt
Gedruckt in Deutschland

Alle Rechte vorbehalten.
Dieses Buch oder Teile dieses Buches dürfen nicht ohne die schriftliche Genehmigung des Verlages vervielfältigt, in Datenbanken gespeichert oder in irgendeiner Form, auch nicht elektronisch oder fotomechanisch (fotokopieren, scannen), übertragen werden.
Leider konnten wir trotz redlicher Bemühungen nicht in allen Fällen die Rechte und Bezugsquellen klären. Wir bitten deshalb die Betroffenen, sich mit dem Verlag in Verbindung zu setzen, damit nachträgliche Vereinbarungen getroffen werden können.

© 2012 Verlag Haus Altenberg D-40477 Düsseldorf
ISBN 978-3-7761-0274-1

Butzon und Bercker, Kevelaer
ISBN 978-7666-1658-6